U0838653

企业人力资源管理与开发研究

石 颖 著

中国商业出版社

图书在版编目（CIP）数据
企业人力资源管理与开发研究 / 石颖著. -- 北京 : 中国商业出版社, 2025. 3. -- ISBN 978-7-5208-3339-4
Ⅰ. F272.92
中国国家版本馆CIP数据核字第2025UJ7803号

责任编辑：许启民
策划编辑：武维胜

中国商业出版社出版发行
（www.zgsycb.com 100053 北京广安门内报国寺1号）
总编室：010-63180647 编辑室：010-83128926
发行部：010-83120835/8286
新华书店经销
保定市中画美凯印刷有限公司印刷
*
710毫米×1000毫米 16开 10.5印张 210千字
2025年3月第1版 2025年3月第1次印刷
定价：58.00元
* * * *
（如有印装质量问题可更换）

前　言

人力资源是目前国际竞争中最主要的因素，也是经济生产过程中最积极、最活跃、最富有创造性的因素。当代社会经济发展的实践证明，人力资源的开发与利用对经济发展起着决定性的作用，人的素质决定了效率。人不仅需要管理，还必须不断进行开发，挖掘其潜能，提高其素质。

伴随国家经济繁荣发展，企业若想在当下市场环境中占有竞争优势，就要拥有优秀且足够的人才。这就需要企业重视人力资源的管理与开发工作。企业做好人力资源管理与开发工作的根本目的，在于提升企业员工的综合素质和专业技能水平，发掘员工内在潜力，确保员工在工作过程中实现自主学习，同时接受专业化教育培训，从而达到全面发挥人力资源优势、满足企业当前及未来发展诉求的目的，进而充分提高企业内部生产率，推动企业人才获得良性发展。

为确保本书的准确性和严谨性，笔者在撰写本书的过程中参阅了企业人力资源管理与开发方面的文献和专著，在此表示感谢！由于笔者学识有限，书中难免存在错误和疏漏之处，恳请广大读者批评指正。

前　言

目录

CONTENTS

第一章　人力资源与人力资源管理

第一节　人力资源

一、人力资源的基本概念

根据《辞海》的定义，资源被视为“财富的起源”。从经济学的视角出发，资源被定义为在生产活动中为创造财富所投入的所有元素，并将这些资源分为五个主要类别：自然资源、资本资源、信息资源、人力资源以及间接资源。随着人类经济活动进入不同的发展阶段，资源的价值和重要性也会有所不同。在以农业为主导的社会中，人们的生产行为都是以土地为中心的。经济的分配是基于土地的拥有量，而劳动者对体力的消耗以及以土地为标志的自然资源的使用都为经济增长提供了动力。在工业化的社会背景下，人们逐渐转向以机械资源的开采和制造为核心的生产和经营模式，其中，自然资源和资本资源逐渐成为经济增长的关键驱动力；在当前的信息时代和知识经济环境中，以知识为核心的产业逐渐崭露头角，成为社会的主导力量。经济和社会的持续发展高度依赖于信息的采集和知识的创新，而信息资源和人力资源已经变成了推动经济增长的关键要素。在当前这个竞争尤为激烈的社会环境中，人力资源显然已经变成了推动社会经济向前发展的关键资产。

人力资源是指从事组织特定工作活动所需的并能被组织所利用的所有体力和脑力劳动的总和。[①] 它不仅涵盖了实际可用的人力资源，也就是目前可供使用的人力资源，这些资源主要由劳动适龄人口中具有一定劳动能力的人组成，也涵盖了那些目前尚未被利用但在未来仍可利用的、主要由未成年人构成的潜在人力资源。

人力资源质量表现为：①体力，即劳动力的身体素质，包括健康状况、营养状况以及耐力、力量、敏捷性等体能素质；②智力，即劳动力的智力素质，包括智力、记忆力、理解力、判断力、想象力及逻辑思维能力等；③知识技能，即劳

---

①王莹，李蕊，温毓敏．企业财务管理与现代人力资源服务［M］．长春：吉林出版集团股份有限公司，2022.

动者的文化知识素质，它以教育程度、技能水平等来衡量；④劳动态度，即劳动者的劳动价值观及职业道德，如劳动动机、劳动态度、劳动责任心等。

人力资源的数量与质量是两个紧密相连的要素，一个国家或地区的人力资源的丰富程度不仅可以通过数量来衡量，还可以通过质量来进行评估。对于任何企业来说，人力资源的数量构成了基础，而其质量则是决定性的因素。企业在进行人力资源规划时，应追求一定的规模效益，但当规模扩大到一定程度后，应迅速将重点转向提升人力资源的质量。特别是在当前的知识经济环境中，人力资源的质量比其数量更为关键。在人力资源中，质量与数量之间存在明显的替代关系，但数量对质量的替代作用相对较弱，有时这种替代甚至是不可行的。

与全球其他国家相比，我国虽然拥有庞大的人力资本，但在人力资源质量方面仍有提升的空间。伴随着信息时代和知识经济的兴起，社会经济的进步对人力资源的品质提出了更为严格的要求。为了更好地应对全球的竞争和挑战，我国应该增加对教育领域的资金支持，并持续提升国民的基础素养与知识技术能力。

二、人力资源与其他相关概念的关系

人力资本是人力资源概念的延伸，强调人的体力和脑力通过投资可以给企业带来更大的收益。人力资源概念与人口资源、劳动力资源和人才资源等概念相关。

人口资源是指一个国家或地区的人口总和，它是其他有关人的资源的基础，表现为一个数量概念。

劳动力资源是指一个国家或地区具有劳动能力并在劳动年龄范围内的人口总和，即人口资源中拥有劳动能力并在法定劳动年龄段的那一部分。

人才资源是指一个国家或地区中具有较强的专业技术能力、创造能力、管理能力和研究能力的人的总和，它是人力资源中的高端人群。

相比之下，人力资源强调人们所具有的劳动能力，它超过了劳动力的资源范围，涵盖了全部人口中所有具有劳动力的人口，包括现实的和潜在的劳动力资源。

人口资源、人力资源、劳动力资源和人才资源四者之间存在包含关系和数量基础关系，人口资源和劳动力资源侧重人的数量和劳动者数量。人才资源突出人口的质量，而人力资源强调人口数量和质量的统一。

三、人力资源的基本特征

由于人本身所具有的生物性、能动性、智力性和社会性，决定了人力资源具有以下基本特征。

（一）人力资源的能动性

人力资源最核心的属性是其主动性，这与其他所有资源有着根本的不同。所有的经济行为首先都是人类的行为，只有人类的行为才能触发、管理和驱动其他资源的活动。在被开发的过程中，自然资源、物质资源和人力资源等都是处于被动状态，而人力资源的开发和利用是通过所有者自身的活动来完成的，具有很强的能动性。这种主动性主要体现在人们对自我提升、职业选择以及劳动积极性等多个方面。人的自我强化意味着只有通过不断的学习，才能增强自己的综合素质，并通过持续地学习和身体锻炼等积极的方式，提高自己的工作能力。人力资源是通过市场机制来进行调整的，而职业选择则是人力资源主动与其他资源进行融合的一个过程。积极的工作态度和劳动的主动性是决定人力资源是否能够充分发挥其潜力的关键要素。因此，在人力资源的开发和管理过程中，除了关注其数量和质量这两个外在因素外，还需要高度重视如何激发人们的主观能动性，并充分发挥他们的劳动积极性。

（二）人力资源的再生性

经济资源可以被划分为可再生资源和非再生资源这两个主要类别。在非再生性资源中，最具代表性的是如煤矿、金矿、铁矿和石油等矿藏。每当这些资源被开发或使用一次，其总量就会相应减少，因此不能仅依靠其内部机制来实现恢复。还有一些资源，例如森林，在经过开发和利用之后，只要维持适当的环境，它们是可以再生的，并能维持一定数量的资源。人力资源也是可再生的，它是基于人口再生产和劳动力再生产的，通过人口总体内个体的不断更替和“劳动力消耗—劳动力生产—劳动力再次消耗—劳动力再次生产”的过程来实现的。与此同时，人们的知识和技能如果显得过时或已过时，也可以通过各种培训和再次学习的方式来进行更新。显然，人力资源的再生能力与普通生物资源的再生能力有所不同，除了遵循普遍的生物学原则外，它还受到人类思维和行为模式的制约。从某种角度看，为了使人力资源达到自我补偿、自我刷新和持续发展的目标，我们需要在人力资源的开发和管理中重视终身学习，并加大后续的培训和发展力度。

（三）人力资源的角色两重性

人力资源不仅是投资的成果，同时也具有创造财富的潜力；换句话说，它既扮演着生产者的角色，同时也是消费者，具有双重性质。人力资源的资金投入既来自个人也来自社会，涵盖了教育和培训、健康卫生等领域。一个人的人力资源的质量好坏，很大程度上依赖于所投入的资金大小。投资于人力资源被视为一种消费活动，这种活动是绝对必要的，并且其回报早于人力资本。研究表明，对人力资源的投资具有很高的增值性，无论是从社会还是个人的角度来看，都远远超过了对其他资源投资所带来的收益。

（四）人力资源的社会性

人们生活在特定的社会环境中，人力资源的生成、分配、应用和开发都是通过社会分工来实现的，这一切都是建立在社会存在的基础之上。人力资源的社会属性主要体现在人与人之间的互动以及由此产生的错综复杂的联系。人力资源开发的核心目标是提升每个个体的综合素质，因为提升每个个体的素质都将导致人力资源质量达到一个更高的水平。然而，当今社会，特别是在高度社会化和大规模生产的背景下，个体需要通过特定的群体结构来充分发挥其作用。一个合理的群体组织结构可以促进个体的健康成长和高效运作，而不合理的组织结构可能会对个体产生负面影响。群体组织的结构在很大程度上受到社会环境的影响。这种社会环境为人力资源提供了广阔的背景，并通过群体组织对人力资源的开发产生直接或间接的影响。因此，人力资源管理需要平衡人与人、人与团体、人与社会之间的关系，同时也要重视组织内部团队建设的核心地位。

第二节　人力资源管理

一、人力资源管理的含义

人力资源管理作为一种企业职能管理活动的概念，最初是由工业关系和社会学家怀特·巴克在 1958 年出版的《人力资源功能》这本书中提出的，这本书首次把人力资源管理视为管理的基本职责进行深入探讨。在雷蒙德·A. 诺伊等美国知名的人力资源管理专家的著作《人力资源管理：赢得竞争优势》中，他们阐述了人力资源管理是一系列影响员工行为、态度和绩效的政策、管理方法和制度。在《管理人力资源》这本书中，美国的舒勒和他的团队指出，人力资源管理的核心是通过一系列的管理活动来确保人力资源得到高效的管理，其最终目标是确保个人、社会以及企业的利益得到实现。加里·德斯勒在其著作《人力资源管理》中阐述了人力资源管理的目的，是实现管理任务中与人或人事相关的各种理念和技巧。迈克·比尔进一步指出，人力资源管理涵盖了所有可能影响公司与员工关系的管理决策和行为模式。

综合来看，人力资源管理的核心是根据公司的发展策略，有序地进行人力资源的合理分配。通过一系列的流程，如招聘、培训、使用、评估、激励和调整，来激发员工的工作热情，发掘他们的潜力，让他们为公司创造更多价值，并确保公司的战略目标得以实现。这些建议的活动涵盖了制定企业的人力资源策略、招聘和选拔员工、进行员工培训和发展、绩效的评估、薪资的管理、员工的流动性管理、员工间的关系维护以及员工的安全和健康管理等方面。人力资源管理的核心理念至少涵盖以下内容：一是所有类型的人力资源开发和管理活动都是为了达成特定的目标，例如最大化个人和家庭投资的预期回报、提升企业运营效益，以及实现社会人力资源的最优配置。二是为了实现人力资源管理的目标，我们必须充分而有效地利用计划、组织、指挥、协调和控制等现代化的管理工具。三是人力资源管理的核心研究领域包括人与人之间的利益平衡、个人利益的权衡选择、人与事务之间的协同合作、人力资源潜在能力的挖掘、提高工作效率与收益，以及与人力资源管理效益相关的各种理论、方法、工具和技术手段。四是人力资源管理不是一个简单的管理活动，只有当各种管理策略相互协同时，才能实现最佳的管理成果。

人力资源管理的核心职责是依据企业的发展战略需求，吸纳、留住、激励和开发企业所需的人力资源，以实现企业的目标，进而确保企业在激烈的市场竞争中能够持续生存和发展。这主要体现在以下几个方面：寻找人才、使用人才、培养人才、激励人才、保护人才以及保留人才。

二、人力资源管理的功能

人力资源管理是以人为对象的管理，在某种意义和程度上，至少涉及以下五种功能。

一是获取。根据组织目标，确认组织的工作要求及人数等条件，从而进行规划、招聘、考试、测评、选拔与委派。

二是整合。通过企业文化、价值观和技能的培训，对已有员工进行有效整合，从而达到动态优化配置的目的，并致力于从事人的潜能的开发活动。

三是保持。通过一系列薪酬、考核和晋升等管理活动，保持企业员工的稳定和有效工作的积极性；通过安全健康的工作环境，提高其满意度，从而使其安心和满意地工作。

四是评价。对员工工作表现、潜质和工作绩效进行评定和考核，为作出相应的奖惩、升降和去留等决策提供依据。

五是发展。通过员工培训、工作丰富化、职业生涯规划与开发，促进员工的知识、技能和其他方面素质的提高，使其劳动能力得到增强和发挥，最大限度地实现其个人价值和对企业的贡献，以达到员工个人和企业共同发展的目的。

三、人力资源管理的特征

从人力资源管理的含义可以看出，人力资源管理具有以下几个明显的特征。

一是综合性。人力资源管理被视为一门多方面的学问，它需要综合考虑各种元素，包括但不限于经济、政治、文化、组织、心理、生理和民族等。该领域覆盖了经济学、系统学、社会学、人类学、心理学、管理学以及组织行为学等多个不同的学术领域。

二是实践性。人力资源管理的理念是基于实际生活中对人的管理经验，它既是对这些经验的总结和概括，也是现代社会化大生产高度发展、市场竞争全球化、白热化的结果。我们应当基于我国的实际情况，吸取发达国家在人力资源管理方面的研究成果，以解决我国在人力资源管理上所面临的实际挑战。

三是民族性。一个人的行为模式很大程度上受到其思维方式和情感的塑造，同时，这些思维和情感也受到了民族文化的深刻影响。因此，人力资源的管理具有明显的民族风格。

四是社会性。社会制度作为宏观文化背景的组成部分，也是影响民族文化的一个关键要素。在所有影响劳动者工作热情和效率的因素中，生产关系和意识形态是最为关键，它们与社会制度有着紧密的联系。

五是发展性。任何一种理论的形成都要经历一个漫长的时期，各个学科都不是封闭的、停滞的体系，而是开放的、发展的认识体系。随着其他相关学科的发展及人力资源管理学科本身不断出现新问题、新思想，人力资源管理正进入一个蓬勃发展的时期。

四、人力资源管理的工作内容

（一）人力资源规划

人力资源的规划可以分为宏观和微观两个层面。前者属于社会领域的议题，而后者则是组织内部的议题。这本书主要探讨的是后者，也就是组织内部的人力资源策划。在组织管理领域，人力资源规划被视为一项至关重要的战略管理任务。对于企业来说，其规划是基于其内部的经营业务、组织结构等因素，并考虑到政治、经济、社会和法律等多方面的环境因素以及未来发展方向而制订的。这样做的目的是帮助企业减少未来的不确定性，将资源集中到与组织目标一致的经营活动中，从而更容易实现目标。换句话说，公司的所有管理活动都应在明确的规划指导下展开。与其他的管理活动相似，人力资源管理也需要有明确的规划。

但是，随着“互联网+”和大数据理念的崛起，社会经济的整体格局经历了显著的变革，这使得企业在各种经营活动中都遭遇了前所未有的挑战，特别是在人力资源规划方面。这一节主要阐述了企业人力资源规划的定义和实施方法，同时也指出了在人力资源规划过程中可能出现的不足和问题，以及如何利用大数据技术来优化人力资源规划。

人力资源规划的定义是什么？人力资源，也被称为劳动力资源或劳动力，指的是那些有能力推动经济和社会进步的具备劳动技能的人口的总量。从经济学的角度看，所有为创造财富而在生产活动中投入的元素都被统称为资源。这些资源包括人力、物力、财力、信息和时间等。其中，人力资源被视为所有资源中最有价值的一种，它是最主要的资源，涵盖了数量、质量、结构等多个维度。从实际应用的视角来看，人力资源主要包括体力和智力这两个核心要素，具体来说，人力资源涵盖了体质、智力、知识和技能这四个主要方面。人力资源与其他种类的资源一样，也拥有诸如可开发性、时效性和增值性等独特属性。

一般而言，人力资源的数量与具备劳动能力的人口数量是相等的，而人力资源的质量则是衡量经济活动人口在体质、文化知识和劳动技能方面的水平。充足的人力资源是社会生产活动所必需的基础条件。

从更广泛的角度来看，拥有足够的人力资源对生产活动是有益的。然而，人力资源的数量必须与物质资源的生产需求相匹配。如果人力资源超过了物质资源的生产，不仅会导致大量新产品的消耗，还会使多余的劳动力无法找到工作，从而对社会经济的健康发展产生负面影响。经济增长主要依赖于经济活动中人口素质的提升。随着现代科学技术在生产中的广泛应用，人力资源的质量将在经济发展中发挥越来越重要的作用。

规划涉及对未来的整体性、长期性和基本性问题进行深入的思考和精心设计。规划展现了其综合、系统、及时和强制的特性。一个合适的规划方案需要依赖精确且实用的数据支持，其目标应具有明确的针对性，其数据应具有高度的精确性，并且所依赖的依据必须是充分的。

从时间维度来看，人力资源的规划可以被划分为长期规划（超过 5 年）、短期规划（不超过 1 年）和介于这两者之间的中期规划。从内容角度来看，我们可以分为组织人事规划、制度建设规划以及员工发展规划。从分类角度看，我们可以将其划分为预警型规划与反应型规划。在进行预警型的人力资源规划时，必须对未来的人力需求进行细致的预测，并提前有策略地满足这些需求；所谓的反应型人力资源规划，指的是在企业需要人力资源时，再进行相应的策略响应。

人力资源的发展主要涉及人力资源的预测、增加和培训，这三个方面是密切相关且不可拆分的。在进行人力资源规划时，一方面，需要对当前的人力资源状况进行全面的评估和分析，以便及时了解本企业在人事方面的最新动态；另一方面，我们需要对未来的人力资源需求进行预测，这样可以全方位地评估企业的人员增减，并据此制定相应的人员扩充和培训方案。因此，人力资源的规划构成了人力资源发展的根本。

实际上，仅有一小部分企业在人力资源配置上完全达到了预期的理想状态。在大部分公司里，总有一部分员工的工作压力过大，而另一部分员工的工作压力相对较轻，这种情况是不均衡的；在制订工作计划时，未充分考虑到工作能力与工作内容之间的匹配性，可能导致一部分人觉得自己的能力受限，感受到巨大的工作压力，而另一些人则觉得自己的能力过剩，没有得到充分的利用，从而造成人力资源的浪费。通过人力资源规划，我们可以解决人力资源分配的不均衡问题，并寻求更为合理的利用方式，以确保人力资源与组织的成长需求相匹配。

每一个组织的核心特质都是持续地寻求生存与成长，而这些生存与成长的关键在于如何获取和利用人力资源。也就是说，如何在适当的时机、数量和质量上为组织提供所需的各种人力资源。鉴于现代科技的快速进步和社会环境的不断变化，如何根据这些不断变化的因素，与组织的发展目标相结合，对人力资源进行适当的规划变得尤为关键。

组织的人员使用受到多种因素的影响，包括业务种类、技术创新、机械设备、工作流程以及员工的能力等。通过人力资源规划，我们可以深入分析当前的人力资源结构，识别出制约人力资源高效利用的关键，从而更好地发挥人力资源的潜力，并减少人力资源在总成本中的占比。

人力资源规划主要有两种方法：定量法和定性法。

定量法，也被称为“自上而下”的策略，是从管理高层的视角出发，采用统计和数学手段，广泛被理论研究者和人力资源规划专家所接受和应用。通过量化方法，我们将员工视为具体的数字，这样可以根据性别、年龄、技术能力、在职时间、职务等级、薪资标准以及其他相关指标，将他们划分为不同的群体。这个方法主要关注预测人力资源的短缺、剩余以及职业生涯的发展方向，其核心目标是确保人力资源的供需与组织的长远发展目标相一致。

定性法，也被称为“自下而上”的策略，是从员工的视角出发，将每位员工的兴趣视为核心考量，将员工的技能和期望与公司的当前及未来需求相结合。受过专业培训、提供咨询和进行管理开发的人力资源管理者经常采用这种策略。这种方法主要关注评定员工的工作表现和提升机会，同时管理和培养员工的职业发展路径，以实现最大化地挖掘和利用员工的潜在能力。

（二）职位分析与胜任素质模型

职位分析包括两部分：一是对组织内各职位所要从事的工作内容和承担的工作职责进行清晰的界定；二是确定各职位所要求的任职资格，例如学历、专业、年龄、技能、工作经验、工作能力、工作态度等。职位分析的结果一般体现为职位说明书。

胜任素质是与特定组织、特定工作职位上工作业绩水平有因果关联的个体特征和行为。

（三）员工招聘、甄选和录用

1. 员工的招聘

（1）招聘的含义与方法

招聘过程是利用各种技术手段，将具备相应道德和能力的人员吸引到公司的空缺职位上。招聘的目标群体可以是公司内部或外部的工作人员，而招聘过程中的一个显著特点是必须提供相关的招聘信息，例如公司内部发布的工作公告或外部发布的报纸广告等，这批招聘信息的目的是找到最适合的候选人。因此，在大多数场合下，求职者通常对自己的职位表现出一定程度的兴趣，并具备相应的资质要求。当求职者与招聘方达成共识时，这标志着整个招聘流程的终结。

招聘作为一个关键的管理任务，与其他的人力资源管理功能有着紧密的联系。简而言之，人力资源规划明确了招聘活动的目标，包括招聘方希望吸引的员工数量、种类和质量。同时，工作分析不仅确定了对特定员工的需求，还为招聘方提供了即将使用的职位描述。另外，是否能为招聘员工提供更高的薪酬和福利待遇，在某种程度上影响了招聘过程的复杂性。最终，招聘与选择之间存在着紧密的关联，因为它们都构成了雇用流程的一部分。

简言之，招聘不仅是为员工提供的主要途径，也是企业注入新活力和繁荣的象征之一，对于企业的人力资源管理起到了至关重要的作用。

（2）招聘工作在企业人力资源管理中占有首要地位

①识别招聘需求。通常情况下，招聘活动是从提出招聘需求这一环节开始展开的。招聘的需求往往是由雇主部门所提出，通常情况下，企业会依据特定时间段内的业务增长状况来设定人力资源预算，因此，招聘活动的需求往往受到人力资源预算的制约。然而，实际的工作需求和业务变动也可能引发员工需求的某些调整。面对这些需求的变动，雇主和人力资源部通常需要基于对实际状况的深入分析来做出决策。

②明确职位内容。一旦招聘的需求被明确，招聘部门与人力资源部需要合作来明确各自职位的职责和所需满足的任职条件。只有这样，我们才能确保招聘过程更有针对性。

③选择招聘渠道。在选择招聘渠道时，应综合考虑职位种类、空缺职位的数量以及需要填补这些空缺的时间限制等多个因素，以确定最有效且成本最合理的招聘途径。通常，我们有两种主要的招聘途径：外部招聘和内部招聘。外部的招聘活动主要涵盖了在报纸和招聘网站上发布的广告、参与招聘活动、通过委托中介或猎头机构以及在校园内进行招聘等多种方式；公司的内部招聘活动是在公司内部进行的，由公司的内部员工来推荐合适的候选人或者鼓励他们主动推荐自己。当然，也有可能通过提升员工或轮换职位来填补职位空缺等多种方式。

2. 员工的甄选

甄选过程是企业采用特定的策略和工具，对所有求职者的各种特质进行深入的评价和对比，以确定最合适的候选人进入公司的整个流程。通过对人力资源的精心筛选，企业能够构建一套合适的人才配置体系，实现“事与人相匹配、人与事相匹配”的原则，从而使企业目标能够顺利达成。

（1）人力资源甄选的依据

一般来讲，企业进行人力资源甄选的时候主要考虑应聘者以下几个方面的特征。

①生理特征。如根据工作特征和工作性质选择符合性别、年龄、健康状况等特征的应聘者。

②知识和技能方面的特征。如应聘者的学历、专业、工作经历、其他工作经

历、所接受过的培训、专业资格证书、计算机熟练程度等，这些因素往往是企业在甄选人才时所主要考虑的“硬件特征”。

③心理及其他特征。如应聘者的人格特征、兴趣爱好、情商、德商、智商等各种素质和能力，这些因素往往是企业在甄选人才时所考虑的“软件特征”，在现代社会，企业取得成功的一个主要原因就是具备大量“软件”过硬的员工。

（2）人力资源甄选的方法

企业在进行人力资源甄选的时候，既要考虑所收集到的人员信息的类型和数量，又要考虑所使用的甄选方法的有效性。

①申请表。申请表作为企业初始阶段的筛选工具，其主要内容涵盖了应聘者过去和现在的工作经验、学习背景、培训状况和职业兴趣等多个方面。该工具的主要目的是收集应聘者的相关背景和信息，以便评估应聘者是否能够满足最基础的工作需求。

②笔试。在大规模人力资源筛选过程中，笔试不仅是最常用的技术手段之一，同时也是最基础的技术手段之一。笔试的主要目的是评估应聘者在基础知识、专业技能、管理知识以及综合分析和书面表达等方面的能力。目前，更多的公司在书面考试中加入了专为评估求职者的情商、逆商和德商能力而设计的心理测试题目，这充分体现了公司对员工综合素质的日益重视。

③管理评价中心技术。管理评价中心技术是一种用于选拔高级管理和专业人才的人员选拔方式，它主要利用情境性的测评方法来观察和评价应聘者的特定行为。测试人员会根据职位的需求设计各种不同的模拟工作场景，让应聘者参与其中，并观察他们的实际行为，这将作为人力资源甄选的依据。

④面试。面试不仅是企业最常用的选拔方式，也是不可或缺的筛选工具，这种方式在大多数企业的人力资源选拔中都得到了广泛应用。根据面试的结构化水平，我们可以将其分类为结构化面试与非结构化面试。前一种情况下的问题和答案都是经过预先的策划和准备的，评估人员会根据预先设计好的问题和相关细节提出问题，这对于选拔普通员工和管理人员是非常适用的；而后者则没有固定的主题，评估人员允许应聘者自由发表意见，主要是评估应聘者的多方面综合能力，这是一种高级面试，适用于选拔中高级管理人才，“无领导小组”是非结构化面试的一种。

在评估应聘者的思维、决策、反应和组织能力时，各种选拔方法都存在其独特的优点和缺点。因此，企业应当综合运用这些不同的方法，并通过精心的组织和设计最大限度地提高评估的可靠性和有效性，以确保人力资源选拔的高质量进行。

3. 员工的录用

（1）背景调查

①背景调查。背景调查为企业提供了宝贵的信息，以协助其做出明智的招聘

决策。然而，这些信息的合理使用是至关重要的，为企业提供关于如何合法使用背景调查的建议是最有益的。随着我国公民对权利的意识日益增强，企业在进行调查时绝不能侵犯求职者的隐私权益。背景调查的内容主要可以划分为两大类：首先是通用项目，例如毕业学位的真实性和任职资格证书的合法性；其次是与职位说明书的要求有关的工作经验、技术能力和成果，并不需要涵盖所有方面。核实简历或申请表上的所有信息是不可能的，这不仅消耗时间和金钱，而且如果招聘者调查的内容与工作无关，可能会导致麻烦。

②体检。在选拔流程结束后，体格检查通常会紧随其后进行。体检这一步骤执行起来相对直接，大多数公司通常会选择一个信誉良好或有长期交往的医疗机构，并要求求职者在规定的时间内完成体检。在大型企业的组织结构里，健康检查通常是在雇主所属的医疗部门进行的。体检所需的费用将由招聘方承担，同时体检的成果也会提交给招聘方。在招聘过程中，体检是一个不应被忽视的关键步骤。不同的工作岗位对员工的健康标准各不相同，特别是那些对健康有特定需求的职位，在招聘过程中必须对应聘者进行严格的健康检查，否则可能会给公司带来不少困扰。

（2）录用

录用程序比较烦琐，包含了决定录用人员、通知录用人员、签订试用合同、人员的初始安排、试用、正式录用等关键性内容。概括地讲，新员工录用程序可以分为以下几个步骤。

①录用通知。发布录用通知的首要环节是公开录用名单，这一环节需要依赖招聘标准和招聘决策的相关流程来完成。公布了录用名单后，下一步的任务便是完成录用流程的办理。在进行招聘手续时，必须由劳动人事行政主管部门负责办理，并在办理过程中提供充分的资料来证明录用员工的合法性。只有这样，招聘工作才能得到国家相关部门的认可，并受到劳动人事部门的业务监督。要完成招聘流程，必须提供新员工的详细个人资料，这包括但不限于：姓名、年龄、性别、民族背景、出生地、教育水平、政治立场以及个人履历等。

在完成所有相关的招聘流程后，接下来的任务便是执行录用通知的具体步骤。实际上，许多公司在正式完成招聘流程之前，也会先发出录用通知。

②签订劳动合同。通常，劳动合同可以被划分为两大类：一类是试验性的合同，而另一类则是正规的劳动合同。当企业与求职者签署了相应的劳动合同后，这意味着双方之间正式建立了雇用和被雇用的劳动关系，并且这种关系具有法律约束力。因此，在签署劳动合同时必须格外谨慎。在试用期的合同里，双方都应明确规定试用期的具体时间、待遇以及相关的工作岗位安排。在正式签订的劳动合同里，双方都应明确规定合同期间的工资、保险福利、工作职责以及违约时的处罚措施。通常，正式的劳动合同期限是一年，但也可以根据双方的意向适当地延长这一期限。

（3）新员工安置

当新的员工正式加入公司时，人力资源部应迅速为他们分配合适的工作岗位。通常，新入职员工的岗位与招聘信息中公布的职位是相匹配的。如果需要，也可以根据实际情况进行调整。但是，必须遵循“用人所长、人适其职”的原则，以确保人与事的多种差异因素能够得到最佳的配合。

（四）员工绩效管理

绩效管理的过程包括绩效计划、绩效监控、绩效评估和绩效反馈。

1. 绩效计划

（1）绩效计划的内涵

绩效计划代表了企业对员工表现的预期，并已获得员工的肯定与支持。绩效计划的制订应当是一个员工全方位参与管理、明确自身职责和任务的过程，在这个过程中，员工需要将个人目标、部门或团队目标与企业的组织目标结合在一起。显然，绩效计划构成了绩效管理的核心和基石，计划的科学性直接决定了绩效管理的执行成果。

部门的绩效计划是基于企业的战略目标细分和部门的职责制订的，而员工的绩效计划则是基于部门的工作目标细分以及岗位职责和工作计划制订的。

（2）绩效计划的作用

制订绩效计划具有以下作用。

①那些有助于引导员工的工作绩效方案，可以被看作一份专门为员工工作提供指导的计划文档。通过这份详细的计划书，员工能够清晰地了解到本考核周期内的各项工作任务、目标、完成时限以及评估标准等关键信息。这有助于他们明确自己的工作方向，加强工作的计划性和目标性，并为他们能够按照计划高效地完成任务奠定坚实的基础。

②有利于激发员工的热情。鼓励员工参与绩效计划的制订是一种参与性的管理方式，这不仅增强了管理的民主性，还能提高员工完成任务的责任心和主动性，从而激发他们对工作的热情。

③有利于减轻管理者负担。一旦制订了绩效计划，主管便能明确知道下属在考核周期内应该做什么、应该做到什么程度、什么时候完成，这样就能心里有底，管理起来也会更加省心。

④可作为考核的重要依据。当考核周期结束时，绩效计划便是考核被考核者的重要依据。

（3）绩效计划的制订过程

制订绩效计划需要经历三个阶段，即预备阶段、沟通阶段、计划确认阶段。

预备阶段涵盖了信息的整理和沟通前的各项准备活动。所需准备的资料涵盖了组织的所有相关信息，主要包括企业及其各个部门的详细资料，如企业的战略目标，每年的经营策略，各部门的职责、工作安排以及上一次绩效考核的结果等。当我们根据这些数据来构建绩效计划时，可以确保绩效计划与企业的策略目标紧密结合，以确保绩效计划始终沿着正确的路径前进。与此同时，那些被评估的人，如果对这些公司的成长和运营有更深入的了解，他们也会更容易理解并采纳他们制定的绩效方案。涉及员工的详细信息，这包括他们的工作职责、制订的工作计划以及上一次绩效考核的成果等。这批信息也构成了制订绩效计划的关键参考依据。为了确保绩效计划在员工的职责范围内得以执行，我们收集了这些信息，这不仅确保了绩效计划的准确性，还避免了可能的误差。同时，通过回顾上一次考核期间的工作表现，我们还可以更好地了解员工在上一次考核中的绩效表现，并据此提出对员工在上一次考核中的不足之处进行改进的建议。

沟通阶段是指考核者与被考核者之间进行深入的沟通，以在绩效计划期内就被考核者的工作目标和计划达成一致意见的阶段。

在绩效计划的确认过程中，管理人员需要核实绩效计划是否实现了预期效果；员工的职业目标是否与公司的总体目标紧密相连；关于员工工作目标的完成标准以及员工应当获得的权利，是否已经达成了一致的看法。

一旦所有的任务都得以完成，我们可以创建一份文档，在其中明确标注员工的工作目标、预期的工作成果、评估这些成果的准则和标准，并建议双方签署确认。

当双方的绩效计划出现变动时，必须迅速进行沟通和调整，并在双方确认之后，在考核表格中进行反映。

（4）绩效计划的制订方式

绩效计划的制订通常有两种方式：一是对于常规的、可以量化的关键任务，可以通过关键业绩指标（Key Performance Indicators，KPI）固定下来；二是对于那些非常规且难以量化的关键任务，我们可以采用关键目标任务（Key Objectives，KO）的方式进行确定。

2. 绩效监控

（1）绩效监控的内涵

绩效监控指的是在执行绩效计划的过程中，管理层与其下属通过持续的绩效交流，采用高效的监控手段，对下属的行为和绩效目标的执行情况进行持续的观察，并提供必要的工作指导和支持。它旨在确保各个组织、部门和个人的绩效目标得以实现。

（2）绩效监控的过程

在绩效管理体系里，通常是通过确保绩效计划、绩效监测以及绩效评估在内容层面上保持一致，以保障管理措施能够有效地执行。这里需要明确的是，绩效监控与绩效计划是紧密相连的，而绩效监控则是对绩效计划执行状况的全方位观察。因此，绩效监控的种类与绩效计划的种类是一致的。也就是说，绩效计划可以被分为多少种类型，绩效监控就应该相应地被分为多少种类型。由于绩效计划的主题和焦点各不相同，因此绩效监控也呈现出各自独特的性质。同时，绩效监控也应当聚焦于绩效的评价，其中绩效评价的核心内容便是绩效监控的焦点。绩效监控的评价标准是一个指示器，其核心目标是协助下级员工在多个评价指标上实现或超过预定的目标，以推动他们全方位地达成绩效目标。

绩效监控是一个持续不断的信息交流过程，从绩效协议的签署确认开始，一直到绩效评估结束。一旦绩效协议被签署，管理人员便有责任与其下属进行持续的绩效交流，密切监控绩效计划的执行状况，并对出现的问题提供必要的指导。同时，他们还需要对在监控和指导过程中收集到的绩效数据进行整合，以便为绩效评估提供准确和有效的信息。

在进行绩效监控时，管理人员能够通过识别监控过程中的核心问题，从而提高监控效率并优化监控成果。这些核心问题主要涉及如下几点：一要根据是否有助于实现组织战略和达成绩效目标，进行持续的双向沟通，以确保在绩效计划的实施过程中能够及时识别问题，并提出相应的解决方案。二要针对在绩效监控过程中出现的各种问题，提供即时的绩效指导，以支持下属在绩效提升方面的努力，并对工作任务的实际完成状况与预定目标之间的不一致进行修正。三要准确把握绩效沟通与绩效辅导之间的相互关联。无论是绩效辅导还是绩效沟通，其核心目标都是协助下属实现他们的绩效目标。然而，绩效沟通是一个贯穿始终的过程，只有下属在执行绩效计划遇到问题时，绩效辅导才会变得必要；绩效沟通是一种管理者与其下属之间绩效信息的双向交流方式，而绩效辅导则是一种通过沟通手段，管理者协助下属实现绩效目标的具体行为。四要进行绩效信息的收集，尤其是对下属在工作流程中的关键事件或绩效数据进行详细记录，以便为绩效评估提供必要的信息支持。

（3）绩效监控的内容

绩效监控是一个通过绩效交流和绩效指导等手段来跟踪绩效计划执行状况的过程，而整个绩效监控体系的核心目标是对个体的绩效进行持续监控。为了确保下属能够成功实现绩效目标，管理者有责任对其绩效目标的达成情况进行持续的监督，从而助力部门和组织更好地达成绩效目标。此外，受到内部和外部环境变动的影响，领导层可能会根据具体状况分配临时的工作任务。但由于这些任务并未在绩效计划中得到体现，仅仅监控绩效计划的执行情况并不能完全展现下属的所有工作职责。因此，为了提高战略性绩效管理系统的效能，管理者有必要将绩效执行状况和临时任务完成情况等多个方面纳入绩效监控体系内，以实现绩效监控体系在稳定性和动态性方面的有机整合。

在绩效管理的实际操作中，管理者有责任通过绩效监控表来对绩效监控流程进行标准化和详细记录，以确保该监控过程能够准确地反映绩效指标的完成状况，并能对明显或可能出现的问题进行及时的调整和优化。

（4）绩效监控的方法

绩效监控的常用方法有书面报告、绩效会议和走动式管理。

①书面报告。在绩效监控领域，书面报告被广泛认为是最常见的手段，它主要是指下属通过文字或图形的方式向上层汇报工作的最新进展。书面报告可以被分为两大类：一类是周期性的书面形式，例如工作日志、每周一次的报告、每月一次的报告、季度一次的报告以及年度一次的报告等；另一类是不定期提交的书面报告。这些报告主要针对绩效管理实践中对绩效有重大影响的任务，可以根据工作的进展情况进行具体的规划和安排。

书面报告不仅能提供丰富和全方位的绩效数据，还能在管理层和下级员工无法直接交流的情况下，进行即时的绩效监控。在实际应用这一方法时，有三个需要特别注意的方面：首先，报告的内容必须明确突出重点；其次，我们应努力利用绩效信息平台来实现绩效信息的广泛共享；最后，结合其他手段，确保信息能够双向交流，并防止报告内容过于形式化。

②绩效会议。绩效会议是一种针对关键绩效问题，由管理者与其下属通过组织正式会议来进行沟通的一种绩效管理方式。为了确保绩效会议能够实现预定的目标，管理层需要密切关注绩效会议的核心目标、执行流程以及基础技术等关键因素。

组织绩效会议的核心目标是：定期检查绩效的执行状况；针对工作环境中出现的各种问题和阻碍进行深入的分析与讨论，并提出相应的解决方案；对于重要的变动，需要进行相应的调整或公告；暂时分配新的工作任务。

为了实现有效的监控，管理者在组织绩效会议时需要注意以下几个方面：首先，创造一个平等和谐的环境；其次，为下属提供足够的表达空间，并最大限度地激发他们的工作热情；最后，会议的目标应该是明确和具体的，避免进行不必要或冗长的讨论。

③走动式管理。走动式管理是一种策略，其中高级管理人员为了追求出色的业绩表现，会在空闲时间频繁地走访各个办公室，以便获取更为全面和直接的员工问题信息，同时也能及时掌握下属员工所面临的工作难题。走动式管理并不意味着管理者可以随意访问各个部门，而是通过非正式的交流和实地观察，尽可能地收集第一手的绩效信息，发现问题或潜在的危机，并根据情境做出最佳的判断。此外，走动式管理也涉及对下级员工提交的绩效数据进行再次核实，并在实际工作中针对存在的问题进行原因分析和障碍排除。

当采用走动式管理来进行绩效监控时，管理者需要注意以下几个方面：首先，要深入基层和一线，接触工作的实际情况，通过现场观察和沟通来了解下属的工作进度、实际困难和潜在能力，并赢得他们的信任和尊重；作为管理者，他们需要对下属的工作进行深入的观察和交流，以敏感地捕获关键的绩效数据。其次，尽管不是每次的移动都能获取关键信息，但管理层的频繁移动对于预防重大绩效事故具有显著的助益。最后，走动式管理不仅作为一种高效的绩效监控手段，同时也是一种融合情感管理和现场管理的方法。当采纳走动式的管理策略时，管理人员应深入思考如何将管理技巧与领导策略完美结合，从而有效地提高组织的绩效，并确保组织持续地获得竞争上的优势。

3. 绩效评估

（1）绩效评估的内涵

绩效评估所指的是组织对个体或集体团队的工作表现和成果进行定期的观察、评定和量化的活动。采用以往设定的标准来评估员工的工作表现，并将这些绩效评估的结果及时反馈给员工，这有助于更有效地进行监控和管理。

（2）绩效评估的作用

在人力资源管理中，绩效评估的作用体现在以下五个方面。

①为最佳人事决策提供重要的参考依据。绩效评估的主要目的是支持组织目标的实现，尤其是在制定关键的人事决策时，绩效评估可以帮助管理者和他们的下属在制订初始计划时及时纠正错误，减少工作失误，为做出最佳的人事决策提供重要的行动支持。

②为组织发展提供重要的支持。绩效评估的另一项核心目标是提升员工的工作表现，指导他们朝着更好的方向努力，确保他们能够适应组织的持续变革和进步。绩效评估能够提供一系列相关的信息和资料，这些信息可以作为激励或处罚员工、晋升或降级、职务调整和进一步培训的依据，这是绩效评估的最重要功能。

③为员工提供一面有益的“镜子”。绩效评估为员工提供了一个了解自身长处和短处的平台，同时也为其他人提供了一个评估自己工作表现的有效“镜子”。

④为确定员工的工作报酬提供依据。绩效评估的成果为决定员工实际的薪资待遇提供了有力的决策支持。在组织的薪酬分配制度中，确保实际的工作报酬与员工的实际技能和所做的贡献相匹配是一个核心原则。

⑤为员工潜能的评价以及相关人事调整提供依据。在绩效评估过程中，对员工能力的评估是通过观察他们在特定时间段内的工作表现，来评价他们的实际能力和未来发展潜力，进而判断他们是否满足当前职位所需的素质和能力标准，以及是否具备承担更为重要任务的潜质。根据员工在职场上的真实表现，组织需要对其人事配置做出适当的调整。

（3）绩效评估的程序与方法

绩效评估的实效性取决于特定的执行流程。在开始执行相关程序之前，我们首先需要深入分析影响绩效评估流程的各种内部和外部环境因素，以确定哪些因素可能会对绩效评估的准确性产生影响。比如说，一个封闭且缺乏信任的组织很难为个人或团队的努力创造一个必要的环境，而在这样的环境中，即便个人付出了巨大的努力，业绩也常常难以实现。绩效的评价过程可以被划分为五个主要阶段。

第一阶段，确定特定的绩效评估目标。在各种不同的级别和职位中，每位员工所拥有的技能和他们所做出的贡献各不相同，因此单一的绩效评估体系并不完全适用于所有的评价目标。

第二阶段，确定考评责任者。考评工作往往被视为人力资源管理部门的任务。实际上人力资源部门的主要职责是组织、协调和执行考评方案，要使考评方案取得成效，还必须使那些受过专门评估培训的直线管理人员直接参与其中，因为直线领导可以更为直观地识别员工的能力和业绩，并负有直接的领导责任。

第三阶段，评价员工工作业绩。在明确了具体的绩效评价目标和负责考评的人员之后，应利用绩效评价系统对员工在特定目标下的评估内容进行准确的评价。评估过程必须是客观和公正的，以消除任何形式的平均主义和个人偏见。

第四阶段，公布考评结果，交流考评意见。考评人员有责任及时将考评的结果告知自己。高级管理人员有权直接与考核对象进行单独的面对面交流，以共同探讨绩效评估的最终成果。这样的对话应被视为一个解决问题的好机会，而不只是寻找错误的机会。

第五阶段，根据考评结论，将绩效评估的结果备案。根据最终的考评结论，可以使组织识别那些具有较高发展潜力的员工，并根据员工成长的特点，确定其发展方向。

4. 绩效反馈

（1）绩效反馈的内涵

绩效反馈主要涉及评价者与被评价者之间的交流，对被评价者在评价周期内的表现进行面对面的讨论，旨在确认其表现的同时，识别工作中存在的问题并进行相应的改进。

绩效反馈旨在帮助员工明确自己在当前绩效周期中的表现是否满足既定的标准，以及他们的行为和态度是否恰当。这样，管理层和员工可以就评估结果达成共识，共同探索绩效不达标的原因，并据此制定绩效提升策略。

（2）绩效反馈的作用

绩效反馈不仅是绩效评估流程中的最后一个环节，也是最为关键的一环。是否能够实现绩效评估的预定目标，主要依赖于绩效反馈的有效执行。绩效反馈起到了以下效果。

①绩效反馈是考核公正的基础。鉴于绩效考核与被考核者的个人利益紧密相连，因此考核结果的公平性已经成了公众关注的核心问题。考核过程实际上是考核者在执行职责时的主动行为，考核者不可避免地会混入自己的主观意愿，这使

得这种公正性不能仅仅依赖制度的改进来实现。绩效反馈有效地解决了这一矛盾，它不仅使被评估的人成为主动参与者，还赋予了他们一定的权利，使他们不仅有知情权，还获得了发言权；此外，通过程序化的绩效申诉程序，我们成功地减少了考核过程中由于不公正因素产生的负面影响，并在被考核者与考核者之间找到了一个结合点和平衡点，这对完善整体绩效管理体系产生了积极的推动作用。

②绩效反馈是提高绩效的保证。在完成绩效评估之后，当考核者收到考核结果通知单的时候，他们往往对考核结果的来源知之甚少。在这种情况下，考核者需要对考核的整体流程，尤其是被考核者的绩效进行深入的描述，明确其长处和短处，并为其绩效提供进一步的改进建议。

③绩效反馈是增强竞争力的手段。在任何团队中，都有两大核心目标：一个是团队的目标，另一个是个体的目标。当个体的目标与团队的目标相吻合时，这有助于推动团队持续向前发展。如果不这样做，可能会带来不利的后果。在这两个目标中，团队的目标起到了主导作用，而个体的目标则是服从的。

总的来说，绩效反馈是在绩效考核结束后进行的，并且它是考核者与被考核者之间的直接交流，因此，高效的绩效反馈对于绩效管理是非常关键的。

（3）绩效反馈的内容

绩效反馈的内容主要包括以下四个方面。

①通报员工当期绩效考核结果。通过公开员工的绩效表现，可以帮助员工更清晰地了解他们在组织中的角色和位置，从而激发他们提高现有绩效的动力。在讨论这一议题时，管理层需要重视员工的优势，耐心地听取他们的意见，并在设定下一期的员工绩效指标时做出相应的调整。

②分析员工绩效差距与确定改进措施。绩效管理旨在通过提升每位员工的工作表现，从而推动公司整体的绩效水平得到提升。因此，每位领导都有责任帮助员工提升他们的工作表现。改进措施的实用性和指导作用是基于对绩效差异分析的精确性。因此，在为员工提供指导的过程中，每位主管都应详细记录员工的行为，并将其分类为高绩效行为和低绩效行为。对于高绩效的员工，要通过表扬和激励，使其保持和加强高绩效表现；对于低绩效的员工，则需要进行总结和归纳，以准确定义员工之间的绩效差异，并将这些信息反馈给员工，期望他们能够做出相应的改进和提升。

③沟通协商下一个绩效考评周期的工作任务与目标。绩效反馈不仅标志着前一个绩效评估周期的完结，同时也预示着下一个绩效评估周期的启动。在绩效考核的早期阶段，明确的绩效指标被视为绩效管理的核心理念之一，这需要各级主管和员工共同参与制订。如果各个主管不参与，绩效指标可能会出现方向性的偏差，而员工的不参与则可能导致绩效目标变得模糊不清。此外，在设定绩效指标时，我们必须围绕核心指标进行，同时也要考虑员工所面临的内部和外部环境的

变化，而不是简单地将季度目标设定为年度目标，也不能简单地在上一期的目标基础上增加几个百分点。

④确定与任务、目标相匹配的资源配置。绩效反馈不仅是对上一个绩效周期员工表现的简单总结，更关键的是要关注未来的绩效周期。在明确了绩效目标的基础上，为主管和员工确定合适的资源分配，这是一个双方都能受益的策略。对员工来说，他们可以获得完成工作所需的各种资源。对于管理人员来说，他们有能力收集关于资源使用的历史数据，深入探讨背后的成本节约策略，并结合有限的资源状况，确保这些资源能够发挥出其最大的价值。

（4）绩效反馈的形式

①按照反馈方式分类，绩效反馈一般可分为语言沟通、暗示和奖惩等方式。语言沟通意味着评估者通过口头或书面方式向被评估者反馈其出色的绩效，并对表现不佳的人进行批评。所谓的暗示方式，是指考核者间接地（例如上级对下级的态度）对考核者的表现给予正面或负面的评价。奖惩制度是一种通过金钱（例如加薪、奖金或罚款）和非金钱（如晋升、奖励或降级）对被评估者的工作表现给予反馈的方式。

②按照反馈中被考核者的参与程度分类。根据考核者的参与度，绩效反馈可以被分为三个不同的类型：指令式、指导式和授权式。指令式绩效反馈的显著特征在于，管理者仅向员工明确指出他们的行为中哪些是正确的，哪些是错误的；他们应当采取何种行动以及下一次应当如何行动。员工的主要职责是倾听和学习，然后根据管理层的指示来执行任务。指导式的绩效反馈主要特点是教学与提问的结合。这一方法以管理者和员工为核心，同时管理者对收到的反馈内容表现出更高的兴趣。授权式的绩效反馈主要以提问为核心，教学为补充，并且始终将员工放在首位。管理层更倾向于关注员工所回答的问题，而很少公开表达自己的看法，同时也更注重协助员工自主地寻找问题的解决方案。

③按反馈目的分类。根据不同的目标，绩效反馈可以被划分为三个主要类型：基于事实发现和情报收集的反馈、以通知和激励为核心的反馈以及基于问题解决和商业考量的反馈。“事实发现和情报收集的反馈”指的是约谈者希望从被约谈者那里收集情报和事实的访谈，其主要目的是调查和确认相关事实。以通知和激励为核心的反馈指的是约谈者希望向被约谈者传递某些信息，利用面谈的机会来影响对方，并促使对方采取预期的行动。问题解决和商业考量的反馈的目的是处理部属之间出现的棘手问题和矛盾，并通过面谈来讨论解决方案。从更广泛的角度看，这是一种咨询指导方式，但有时也可能是由那些在约谈者方向上存在问题的人发起的约谈。

④根据绩效反馈的内容和形式分类。根据绩效反馈的具体内容和方式，我们可以将绩效反馈划分为正式和非正式两大类别。正式的反馈是一种经过预先规划和安排的正规、流程化的反馈手段，例如书面报告和正式的面谈。在正式的场

合，信息通常会通过书面通知或其他正式方式反馈给递交者。非正式反馈是一种暂时性的沟通方式，通常在非正式的环境中，通过面对面的对话、指导等手段，向对方提供他们所需的解答或解决问题的策略。非正规的反馈方式有很多种，包括轻松的聊天、走动式的对话、非正式的集会以及餐桌上的对话等。

（五）员工薪酬管理

1. 薪酬的内涵

薪酬的定义是，在有雇佣关系存在的情况下，员工从雇主处获得的各种经济收益以及实质性的服务和福利待遇。薪资不仅是岗位价值的直接反映，也是员工在放弃劳务或劳务使用权后所能获得的报酬。薪资结构由三个主要部分组成：一是固定的薪资结构；二是基于绩效的薪资；三是各种福利待遇。

（1）固定薪酬

固定薪酬是员工稳定的收入来源，通常根据员工的岗位级别、工作经验、学历等因素确定。固定薪酬具有以下特点。

①稳定性：为员工提供了可靠的经济保障，使其能够规划生活和承担日常开支。

②可预测性：员工可以清楚地知道自己每月的固定收入，有助于提升工作安全感。

③体现岗位价值：不同岗位的固定薪酬水平反映了该岗位在组织中的相对价值。

（2）绩效薪酬

绩效薪酬与员工的工作表现直接挂钩，旨在激励员工提高工作绩效。绩效薪酬具有以下特点。

①激励性：能够鼓励员工积极工作，努力提高工作质量和效率，以获得更高的绩效薪酬。

②灵活性：可以根据企业的经营状况和员工的绩效表现进行调整，更好地适应市场变化。

③区分绩效差异：能够区分出高绩效和低绩效员工，对优秀员工进行奖励，对表现不佳的员工起到鞭策作用。

（3）福利

福利是企业为员工提供的额外待遇，有助于提高员工的满意度和忠诚度。福利的形式多种多样，例如：①社会保险，包括养老保险、医疗保险、失业保险、工伤保险和生育保险，能为员工提供基本的社会保障；②补贴，包括住房补贴、交通补贴、餐饮补贴等，能减轻员工的生活负担；③带薪休假，如年假、病假、婚假、产假等，让员工在工作之余有时间休息和放松；④培训与发展机会，提升员工的专业技能和综合素质，为员工的职业发展提供支持。

固定薪酬、绩效薪酬和福利在薪酬管理中相辅相成，共同构成了一个完整的薪酬体系，以吸引、激励和保留优秀员工，为企业的发展提供有力的人才支持。

2. 薪酬管理的内容

（1）薪酬目标的管理

薪资目标的管理是基于人本主义的管理哲学。员工是推动企业向前发展的核心力量，因此，为了企业的持续成长，满足员工的实际需求是至关重要的。企业在进行目标管理时，应当从员工的视角出发，通过访谈和问卷调查等手段收集他们的需求。同时，企业还需要派遣相关人员根据员工的具体需求进行实地考察，并在选择薪酬发放方式时做出差异化的决策。这样做既能确保不损害企业利益，也能最大限度地满足员工的期望和需求。

（2）薪酬水平的管理

在企业薪酬管理中，核心目标是确立一个与企业成长环境和员工实际能力相匹配的薪资标准。薪酬水平的管理应依据员工的绩效和能力水平进行评估，可以通过建立一个岗位评估体系来确定岗位的薪酬水平，并建立一个新的岗位薪酬体系。从多个维度如行业背景、公司成长、员工技能和职位资格来看，我们确定了每个因素的重要性，并据此进行了统一的岗位评估。还需要根据评估的相关准则来构建一个新的信息分发体系。此外，对于那些专业和技能型的职位，我们需要构建一个基于技能和能力的薪资结构，以便更好地满足对特定人才的评估需求。

（3）薪酬体系的管理

在企业的薪酬管理中，薪酬体系的管理占据了核心地位。除了基础工资和绩效工资，薪酬还涵盖了如何为员工提供福利、增加自我增值的机会以及提高他们的就业技能等方面的管理内容。薪资问题是企业和员工共同关心的核心议题，员工期望通过个人的勤奋努力来实现薪资的增长，而企业则期望通过调整薪资结构来激励员工更加努力地为企业创造更多的效益。正因为这种发展状况，奖金应时而出。奖金，作为一种激励员工创造价值的手段，已经成为绩效考核的一个核心部分。因此，企业在构建薪酬体系时，不仅需要确立绩效考核体系，还应融入绩效薪酬的概念，以进一步完善其薪酬结构。值得强调的是，在构建薪酬体系时，应依据个人的工作完成状况和岗位职责表现来作出决策，从而构建一个具有高度针对性的个性化薪酬管理体系。

（4）薪酬制度的管理

在薪酬制度的管理中，我们强调薪酬决策的透明度和公开性，以确保薪酬决策对所有员工公开和透明，这是确保制度得到有效执行的核心要素。薪酬制度的管理主要涵盖了薪酬制度的管理、预算制定以及控制机制等方面，制度化管理着重于薪酬的发放和设计思路的管理，而在制度管理方面，应当坚持公平公正的管理理念。企业内部在进行薪酬发放管理时，应确保员工高度认可，并建立员工工作水平与薪酬成正比的制度，这是其中的一个重要方面。从另一个角度看，薪酬的制度化管理需要与企业的制度管理进行有效的协同和匹配，薪酬制度的制订应基于企业的发展状况，并确保制度的实施具有一定的灵活性。我们需要根据行业进展和公司的当前状况来调整薪酬制度，并充分发挥薪酬杠杆的调节作用，以激发员工的工作热情。

一个企业的高效薪酬管理模式可以为其持续发展注入新的活力。员工与企业之间最紧密的联系就是他们的薪资结构。一个公正、公平且透明的薪酬管理体系是企业持续发展的关键。因此，企业内部必须深刻认识到薪酬管理的科学性、规范性及重要性，并从根本上激发员工的潜在工作能力。

（5）薪酬管理的意义

努力提升公司的组织运营效益。企业的组织运作受到多种因素的影响，其中薪酬管理尤为关键。因此，对薪酬进行科学的管理可以显著提升企业的组织效率。某些公司为员工提供的薪资已经相当高，但公司内部的薪资差异并不理想，导致员工感受到内部的不公平，最后可能引发员工的反感，进而影响公司的整体运营效率。因此，通过对薪酬管理的深入研究，我们可以构建一个科学且合理的薪酬结构，从而促进员工间的高效合作，并进一步提升企业的整体运营效益。

增强员工对工作的热情和主动性。企业员工的工作积极性受到多种因素的影响，其中，薪酬是最直接的影响因素。因此，研究企业薪酬管理制度的最重要目标是提高员工的劳动积极性。一个科学且合适的薪资结构可以让员工感受到内部的公平待遇，这种待遇不仅具有强烈的社会竞争力，还能为员工带来额外的工作压力，员工在此过程中会深刻体验到工作越多，收获越多，从而培养出对工作的热情和上进心。与此同时，员工渴望通过卓越的职业表现来实现个人成长或提升薪资水平，企业应该利用这一优势持续激发员工的工作热情。

吸引并保留公司所需要的专业人士。通过科学合理地进行薪酬管理，我们不仅可以提升员工的整体价值，还可以充分激发员工的潜能。通过合理地管理薪资结构，能够极大地激发员工的积极性，进而推动企业人力资源的持续发展。因此，高效的薪资管理策略可以有效地吸引并保留公司所需的专业人才，为公司的持续成长创造有益的环境，并有助于推动公司的进一步发展。

（六）员工培训与开发

1. 人力资源的培训与开发体系

在现代组织的人力资源管理中，培训和发展占据了关键的位置。在企业的成长过程中，人力资源无疑是最根本和最关键的限制要素。一个企业是否具备足够的生命力，很大程度上取决于其对外部环境变动的适应能力。要想提高企业组织的适应能力，就要持续提升员工素质，并不断地进行人力资源的培训和开发。现代企业组织管理强调人力资源的合理配置和培养，它体现了一种现代管理哲学的人才使用原则，即挖掘潜能、终身培养和适度使用。公司采用培训和开发策略，确保遵循招聘原则，从而促进公司的持续成长。在此背景下，我们致力于协助每位团队成员顺利地走上他们的职业成长之路。因此，培训和发展促进了组织与个体之间的共同进步。在人力资源管理中，培训和发展被视为核心要素。在任何公司的运营中，涉及员工的招聘、选拔、晋级、培训以及工作计划等各个环节，培训和发展都是不可或缺的。尤其对于那些能够满足现代发展需求的公司和机构，这一点显得尤为重要。

从广义上讲，培训是指各个企业为了满足业务需求和人才培养的要求，通过补习、进修和考察等多种方式，有组织、有计划地进行员工培养和训练。这样做是为了让员工能够适应新的工作要求，不断更新他们的知识储备，以便他们能够胜任现有的工作，并在未来有机会担任更为重要的职位，以适应新技术革命带来的知识、技术和管理结构的深刻变革。

培训和开发的重要性主要体现在以下几点：首先，为了应对新技术革命的挑战，员工需要接受培训。从根本上讲，新的技术革命正在改变社会劳动力的构成，对专业技术人员的需求也在不断增加。为员工提供培训是一个行之有效的方法，以防止他们因工作能力不足而不能满足新兴产业的需求，从而导致所谓的“结构性失业”。其次，培训不仅是员工个人成长的必要条件，也是一种将员工内在潜能转化为外在表现的途径。经过培训，员工不仅获得了执行当前职务所需的专业知识和技巧；从另一个角度来看，我们期望员工在未来能够积累更多的知识和技能，以便在高级职位出现空缺时能够及时晋升，从而避免因时间和业务的延误而造成问题。最后，通过培训，我们也可以应对知识与年龄同步增长的问题。再一次强调，培训是缩小学习能力差异的必要手段。所谓的学能差距，是指在工作环境中所需的专业知识和技能，与员工实际掌握的学识和技能之间存在的不匹配，也就是岗位职责和实际工作能力之间的不匹配。这样的差异应当通过培训和开发来填补。

培训与开发意味着企业采用各种培训和训练方法来增强员工的职业技能和知识储备，以确保员工的个人品质与他们的工作需求保持一致，进而实现提升工作表现的目标。培训与开发是在企业或个人的职业需求基础上产生的。其内涵可用公式表示：

培训与开发的需求=需达到的工作绩效+当时实际的工作绩效

（1）培训开发体系

通常，培训体系是基于各个层次的培训和各种职能（如专业培训）来构建的。这里所说的各个层次的培训，主要是针对经营和管理的各个层次（包括上层、中层和基层）所进行的教育和培训。通常，培训内容可以划分为：对管理和监督人员的培训，对中层核心员工的培训，以及对新入职员工的培训。另一项关键的培训活动是关于各种职能的培训，这些职能涵盖了经营管理的多个方面，如业务操作、生产流程、人力资源、财务管理以及研究与开发等。为了实现这个目标，我们可以选择从各个部门进行培训，或者从不同的社会阶层进行培训。换一种表达方式，我们可以将其理解为：在组织内部，各个层次的培训是纵向的，而各个职能的培训则是横向的。

各个层次的培训都需要对组织内的各个层次的功能和作用进行明确的要求，为了确保培训能够完美并最大化地发挥作用，就必须具备所需的专业知识和技能。对于各个社会阶层的职责和功能的要求，自然会根据不同职能阶层的实际情况而有所区别。在组织结构中，领导层扮演着战略功能的角色，而管理层则是战术功能的执行者，普通员工则主要负责执行任务。需要特别指出的是，随着社会阶层的上升，对他们的抽象要求也随之增加，他们更加关注未来的发展。反之，如果社会阶层相对较低，那么对他们的期望将更多地聚焦于具体和实际的议题。因此，在设计培训方案和确定培训方法时，必须充分考虑到各个社会阶层的需求，以避免培训过程中的盲目性。

各职能培训是指，依各项任务将企业分为纵向层次，为适应企业的职能，而有必要展开培训的做法。换个说法，也就是各专业的实务培训。

各个社会阶层的培训项目都是为了满足他们共同的需求而设立的。相应地，各种职能培训项目都是在执行各自职责的基础上，旨在提升所需的专业知识和技术能力。当然，在进行各种职能的培训时，也需要明确不同的社会阶层。例如，尽管他们从事相同的业务，但在这里，不仅有新加入的员工，还有中级核心人员和专业的经营者。然而，由于对他们的知识和技能的要求各不相同，因此他们的培训需求也存在差异。所以，严格地说，各种职能的培训也被称为“各个职能层次的培训”。

（2）培训开发种类

员工培训的种类很多，大体上可分为职前培训、在职培训两种。

①职前培训。职前培训是企业在为新员工分配任务之前所进行的培训活动，它可以进一步细分为常规的职前培训和更为专业的职前培训。常规的职前培训旨在帮助新入职的员工更好地了解公司的基本状况。为了增进员工对公司的认识和信赖，我们需要考虑企业内部各个部门的权责、公司的发展历程、核心政策，以及公司未来的成长路径和员工的权益与职责。专业的职前培训旨在确保新入职的员工能够真正理解和掌握处理业务的基本原则、技巧、流程和方法，这样他们在培训结束后就可以胜任新的业务任务。

②在职培训。在职培训被视为一种普遍的培训方法，而在培训过程中，员工通常都是带着职务和薪水的。根据培训目标的差异，在职培训可以进一步划分为普遍性培训和专业性培训。根据其性质和目标的差异，在职培训可以进一步划分为几个不同的类别。

第一，补充学能培训。指通过培训，对员工执行现任工作所需学识技能中的欠缺部分予以补充，目的在于使其胜任现职，提高效率。参加此种培训者均为现职员工。依其培训课程不同，又可分为技能培训、学识技能培训及行政管理培训等。培训过程可由有经验的员工或技术主管担任指导，亦可为特定的需要举办实习培训。

第二，人际关系培训。指各企业为新进员工增进对人际关系的了解，增强员工相互间的合作、团结及和谐所进行的培训。依其主要课程不同，又可分为人群关系培训、意见沟通及领导统御培训等。

第三，运用智慧思考培训。指各企业为解决有关问题指定部分员工聚合在一起，激励参加的员工高度运用智慧与思考，群策群力，提出处理问题的策略、程序与方法，以协助领导解决问题。这种培训又可分为解决问题培训、创造力培训、激荡脑力培训、模拟培训、激发意愿与发挥潜能培训等。

在职培训的优点很多，如培训者所需花费的时间和精力较少、不需额外的教学设备、学习期间亦能从事生产工作、短期内无须变动日常工作等。

2. 培训开发的过程

培训开发的过程包括培训需求分析、培训的设计、培训的实施、培训成果的转化、培训评估和反馈。

（1）培训需求分析

在企业开始进行培训和开发活动之前，首要任务是对员工的需求进行深入分析。所谓的确定培训需求，是指企业在评估员工工作表现与实际表现之间是否有明显的差异时所作的决策。

在分析企业的培训需求时，麦吉和塞耶在 1961 年提出了一个最具代表性的观点，即通过组织分析、任务分析和人员分析这三种方法来确定培训需求。组织分析主要关注的是培训内容是否与公司的策略目标一致，并着重解决企业级别的问题。因此，在进行培训需求分析时，首先要对企业进行分析；其次要对任务和人员进行评估。

①企业分析是在企业层面展开的。首先，通过深入分析企业未来的成长路径，我们可以明确企业未来的培训焦点和方向。不同的企业发展策略将决定其未来的发展路径以及相应的培训内容和焦点。其次，通过对公司的总体业绩进行评估，我们可以识别出存在的问题，并深入分析这些问题的根源，从而确定公司当前的培训重点。

②任务分析主要关注企业内部的各种职位，其目的是通过深入的分析来明确每个职位需要完成的具体工作任务和应达到的标准，以及为成功完成这些任务所需的必要知识、技术和态度，进而明确培训的需求、重点内容。任务分析的目的是协助员工确保任务的准确性和准时完成。任务的分析是按照以下四个阶段来执行的。

一是选择有效的方法，列出一个职位所需履行的工作任务的初步清单。

二是对所列出的任务清单进行确认，回答以下几个问题：任务的执行频率如何？完成每项任务需要花费的时间是多少？成功完成这些任务的重要性和意义是什么？完成这些任务的难度有多大？

三是对每项任务所要达到的标准做出准确的界定，尽量用可以量化的标准来表述，例如“每小时生产30个”。

四是确定完成每项工作任务的知识、技能和态度，即KSA，K为知识（Knowledge），S为技能（Skill），A为态度（Attitude）。

③人员分析的目的是通过对比员工当前的工作表现和预期的绩效，来确定是否有必要进行培训，以及具体需要哪些类型的培训。对员工的分析主要涵盖了两大核心内容：一是对员工的个人表现进行深入评价，识别出存在的难题和问题的根源，进而明确针对这些问题的培训需求；二是基于员工的职业生涯规划和职位需求，我们需要将员工当前的工作状态与他们未来的职位期望进行对比，以识别未来可能出现的培训问题。

企业常用的培训需求分析方法主要包括四种：观察法、问卷调查法、资料查阅法和访问法。

①观察法指的是直接到工作现场，通过观察员工的工作过程来进行培训需求分析。

②问卷调查法指的是将有关问题编制成问卷，通过让员工填写问卷来收集信息进行培训需求分析。

③资料查阅法指的是通过查阅有关的资料，比如工作记录、专业期刊、技术手册等来对培训需求进行分析。

④访问法指的是通过访问的方式（面对面或借助其他媒介、集体访问或单独访问）来获取信息，进行培训需求分析。

（2）培训的设计

为了保证培训活动的顺利进行，企业需要制订一套完善的培训计划来指导培训的实施。虽然不同的企业因实际情况不同，其培训计划（内容）会有所不同，但一套比较完备的培训计划应当包括以下内容：培训目标（Why）、培训内容（What）、培训对象（Whom）、培训者（Who）、培训时间（When）、培训地点（Where）、培训方法及费用（How）。

员工培训是培训目标、培训内容、培训指导者、培训对象、培训日期、培训方法和培训场所及设备的有机结合。培训者要灵活应变，努力提升培训的实施效果。

①培训的目标。通过对培训需求的深入分析，我们能够发现现有员工的实际能力与他们预期的工作需求之间存在明显的差异。消除这种差异是培训的核心目标，或者更准确地说，培训的目的是确保培训活动能够达到预期的效果和成果。从受训者的视角来看，这意味着在培训活动结束后，他们应该掌握哪些关

键内容。

在制定具体的培训目标时，应考虑三个主要组成部分：一是内容要素，即企业希望员工完成的任务；二是所谓的标准要素，是指公司希望员工按照什么样的准则来执行这项任务；三是所谓的条件要素，是指在特定的条件下需要满足的标准。标准和条件的要素应当尽量明确、具体并进行量化。

培训的目标内容可以划分为三个主要部分：一是知识的教授；二是对技能的培训；三是关于态度的改变。

②培训的内容。培训内容是关于应该进行何种类型的培训。培训的内容通常分为三个不同的层次：分别是知识的培训、技能的培训以及素质的培训。在决定选择哪个级别的培训内容时，应依据各个受训者的具体状况作出决策。在大多数情况下，管理层更倾向于进行知识和素质的培训，而普通员工则更倾向于接受知识和技能的培训。

在企业的培训过程中，知识培训被视为首要的一环。通过知识的培训，我们可以更好地理解各种概念，并提高对新环境的适应性。比如，当员工参加一场讲座或翻阅一部书籍时，他们有机会获取相关的专业知识。

在企业的培训体系中，技能培训被视为第二个层面。新员工的招聘、新设备的引入以及新技术的引入都需要经过技能培训，这是因为抽象知识的培训不能迅速适应实际操作需求。

在企业的培训体系中，素质培训被视为最高级别。即便是在短时间内知识和技能匮乏的情况下，高素质的员工也会积极、有效地学习以实现他们的目标。培训课程不应仅仅局限于知识和技巧的传授，还应深入探讨企业的核心信仰、价值体系和道德标准，以确保员工展现出与企业期望相匹配的职业态度。比如说，华为的培训不只是在知识和技能上给予了高度重视，同时也非常注重对企业文化的培养。华为鼓励其员工在遭遇失败时吸取教训，即使多次失败也要坚持，唯有经历艰难才能重获新生。面对任何形式的挑战，华为狼性文化的核心理念就是勇往直前，不惜一切代价去克服这些困难。受到励志电影和充满活力的课外活动的影响，不论你的背景和性格如何，这句口号都会为你注入生命中的热情与活力。因为你深信“宝剑锋从磨砺出，梅花香自苦寒来”，每个人，特别是你自己，在面对各种挑战和困境后，都有可能取得显著的成就。

③培训对象。培训的对象是确定哪些员工应当接受相关的培训。基于培训的具体需求和内容，我们能够明确培训的目标群体。岗前培训的目的是向新入职的员工普及企业的规章制度、企业文化和岗位职责等方面的知识，以帮助他们更快地适应新的工作环境。对于那些即将改变工作位置或无法适应现有职位的员工，他们可以选择进行在职培训或全职培训。

④培训的时间。培训的具体时间是指培训的具体时刻。在确定培训时间时，

主要需要考虑两大要素：首先，培训的实际需求，一个高效的培训应当能够迅速地满足这些需求；其次，对于接受培训的人来说，为了确保培训的有效性，有必要让他们能够全心全意地参与培训活动。

在大多数情况下，存在四种可能的情况需要接受培训：当新员工加入公司，或者员工即将获得晋升或职位轮换时，环境的变化需要不断地对老员工进行培训，以满足公司的发展需求。

⑤培训的场所和设施。培训设施涵盖了教室、会议室以及工作场所等多个部分。挑选培训场所的初衷是为公司的培训提供有益的环境，并构建一个优质的培训氛围。在选择培训地点时，我们必须重视三大核心要素：培训的方法、参与培训的人数以及培训所需的费用。当以技能培训为主题时，工作现场是最合适的选择，由于培训内容的具体性，很多工作设备是不能进入教室或会议室的。培训所需的设备涵盖了教科书、各种模型以及幻灯机等。培训的具体内容和方法会直接影响到培训的地点和所需的设备。

⑥培训的费用和方法。培训的费用通常仅限于直接产生的开销，如培训场所的场地租金、教学材料的费用、培训者授课的费用以及培训设备的费用等。为了确保培训能够顺利进行并获得充足的资金支持，企业应当制定相应的预算，这也将作为未来评估培训成果的关键参考。

在人力资源的培训和发展中，我们可以采用各种不同的策略和方法，包括但不限于讲授法、演示法、案例分析法、讨论法、视听法以及角色扮演法等。不同的培训方式都有其独特的长处和短处。鉴于培训对象和内容的多样性，为了确保培训和开发的高质量，并实现培训和开发的目标，企业常常需要灵活地采用各种策略和方法。在选择培训与开发的方法时，必须确保其与培训的需求、目标、内容和课程都是相匹配的。同时，选择的方法也要考虑到培训对象的具体需求和企业的实际情况。

（3）培训的实施

培训开发的实施是在培训开发需求和培训开发计划的指引下进行的，培训开发实施是整个培训开发的中心环节。

①培训实施前的准备工作。充分的培训准备工作将为培训后续工作的顺利进行打下基础。培训的准备工作琐碎而繁杂，具体包括以下内容。

第一，组建培训项目小组。在准备阶段成立项目小组，主要是协调培训中的各项工作安排，以确保培训如期圆满地进行，其分工见表 1-1。

表 1-1　培训项目小组成员分工

人员	具体分工
人力资源部经理（组长）	整个培训的总体筹划、总体安排
培训主管（副组长）	培训工作的具体操作、执行
培训讲师/培训机构	培训讲义、培训要求的传达、培训反馈的整理
培训支持部门	培训器材、食宿、车辆等后勤供应工作
相关部门主管、受训者	提供培训建议和辅助性工作

第二，召开培训动员会议。在成立项目小组之后，有必要召集相关的工作人员召开一个动员会议，进行全面部署。重点在于突出培训的重要性，对培训计划的各个阶段进行总结，并对所有培训前的准备工作进行详细的规划，以确保每个人都能受益，这是培训开始前的关键步骤。

第三，进行培训各类事项的准备。这个环节主要涵盖了学员的确认和通知、培训设备的检查、选择培训场地、座位的安排、与讲师的沟通，以及相关资料的整理，这包括培训的课程和日程、培训生活的注意事项、分组讨论的名单、培训手册和其他培训材料等。

②培训过程工作。在培训的执行过程中，所有相关的任务都按照不同的类别进行了分配，并指定了在相关领域由专业知识的人员来具体处理这些任务，以确保所有工作能够及时完成。

第一，学员报到。在培训场地的入口附近设置报到处，接待学员时，最好进行“一条龙”服务，如登记、领资料袋、收回预先给学员布置的作业等，培训部门的员工提前到达会场，做最后一次检查。

第二，开训仪式。开训仪式是培训课程的起点，除了常规的主讲人介绍、培训内容介绍等之外，组织者还可以举行一些能够激励学员的活动。

第三，维持培训秩序。协助讲师维持培训教室的秩序，减少人为噪声。

第四，培训沟通协调。在培训过程中，组织者要及时与讲师、学员沟通交流，指出讲师培训的优缺点和学员反映的情况，并与讲师协调改进。

第五，培训后勤安排。在培训过程中，现场的各种后勤安排也必不可少，如培训教材的复印、发放，培训器材的调换准备，人员餐饮服务，培训纪律的强调，卫生打扫，现场紧急情况处理等，这些都需要安排具体人员来解决。

（4）培训成果的转化

培训和开发的核心目标是优化员工的工作表现并最终提升公司的总体业绩。因此，员工在培训中所获得的知识和技能应当被实际应用，只有这样，培训才能真正具有价值；否则，培训的资金投入将被视为一种浪费。对于企业来说，企业培训不仅是一种“投资”，更是一种对未来战略的重要投入。

培训成果的转化是指，受训者能够持续并有效地将在培训过程中获得的知识、技能、行为和态度应用到工作中，从而使培训项目能够发挥其最大的价值。

为了确保培训成果能够有效地转化为实际应用，至少需要满足三个核心条件，只有这样才能创造一个有利于培训成果转化的环境，并营造出能够受到管理者和同事支持的积极氛围。

①良好的氛围和制度环境。企业有责任营造一个有利于培训成果实际应用的环境，这包括几个关键特点：第一，任务提示，即受训者的工作特性能够激励或提醒他们在培训过程中掌握新的技能和行为模式；第二，对惩罚的限制，不能因为受训者使用了在培训过程中学到的新技能和行为模式而受到公开的惩罚；第三，外部的强化效果，这使得接受培训的人因为应用了他们在培训过程中所掌握的新技巧和行为，从而获得了外部的奖赏；第四，内部的强化效果，因为受训者在培训过程中应用了新学到的技能和行为，从而获得了内部的奖赏。

②上级的支持。上级对培训成果转化的支持起到了至关重要的作用，这种支持主要体现在以下几个关键领域：一是激励受训者在其职业生涯中应用所学的培训内容；二是当受训者未意识到这一点时，应提醒他们在实际工作中应用培训中学到的知识；三是为受训者创造机会，让他们在职业生涯中能够有效地应用所学到的培训内容；四是当受训者应用从培训中学到的知识时，应及时提供指导和反馈。

③同事的支持。同事们的支持主要体现在两个方面：一是共同探讨如何将培训成果有效地转化为实际应用，并分享成功的经验，并从失败中吸取教训，以便让培训成果的实际应用更加高效；二是当同事在培训过程中应用所学知识时，应给予必要的支持和帮助，并鼓励同事们在日常工作中应用从培训中学到的知识和技能。

（5）培训的评估和反馈

广义来说，培训评估是对培训项目、培训流程以及培训成果的全面评估。培训的前、中、后三个评估阶段共同组成了培训评估的完整过程。在培训开始之前，对受训者的全面素质进行评估是至关重要的，这将为培训者制定培训方案提供依据，以确保培训方案的合理性、高效性，并确保受训者能够获得理想的培训成果。在培训过程中，评估的目的是对各个项目进行全面评价，以确保培训过程得到有效的管理和控制。在培训评估过程中，培训后评估是至关重要的一环。它旨在对培训的最终成果进行全面评估，以便企业领导能在培训结束后进行全面的总结和分析，以了解培训目标达成的程度，并为未来的培训计划和项目的规划与执行提供有价值的参考。

①培训评估的标准。培训评估的准则是关于应该从哪几个维度对培训活动进行评价，或者更准确地说，是关于培训评估的具体内容。在国外，最被广泛采用的培训评估手段是 1959 年威斯康星大学的教授唐·柯克帕屈克所提出的四层次

模型理论。

反应层：受训者对培训的印象和满意度。

学习层：受训者对培训内容的掌握和理解程度。受训者在接受培训以后知识和技能的掌握是否有所提高、有多大程度的提高。

行为层：受训者对培训内容的应用，即培训后工作行为的改变，在工作中是否改进了以前的行为，是否运用了培训的内容。

结果层：培训后员工和企业绩效的改变和提高程度。员工和企业在接受培训之后，其绩效是否有所进步和增强。培训效果通常是通过事故率、质量和员工士气等多个指标来进行评估的。通过对这些指标的深入分析，管理者可以更好地认识到培训所带来的实际价值。举例来说，培训负责人会通过分析员工士气是如何受到培训影响的，以此来评估培训对公司的实际贡献。

对于培训评估的标准，还可以从两大方面进行考虑：一是培训的效果，即培训是否实现了预定的目标，通过将培训的结果和培训的目标进行比较从而得出结论。二是培训的效率，即培训是否以最有效的方式实现了预期的目标，这不仅要评估费用成本，而且要评估时间成本。通过对培训效率的评估，进而对培训的方法进行优化。

②培训评估的设计。评估的方法，对于反应层的评价，主要是通过问卷调查、面对面的交谈以及面对面的座谈等多种方法进行的。对于学习层面的评价，主要是通过考试、演讲、讨论、角色扮演以及演示等多种方法来进行的；在对行为和结果两个层面进行评估时，更倾向于使用评估的方法。

评估的方式主要分为三个方面：一是培训后测试。评估结果是一种绝对值，主要反映培训目标的达成程度，较难看出培训的改进效果，通常用在反应层的评估。二是培训前后的对比测试。受训者在行为或结果方面会受到其他因素的影响，从而干扰对培训效果的准确评估，通常用于学习层的评估。三是与控制组（对照组）进行培训前后的对比测试。通常用于行为层和结果层的评估。

3. 培训开发的方法

①理论培训。这是一种主要的方式，用于提升管理人员的管理能力和理论知识。虽然一些主管人员已经掌握了基本的理论知识，但他们仍然需要在知识的深度和广度上接受更深入的培训。这类培训主要是通过短期培训课程和专题研讨会等方式进行的，时间相对较短，主要目的是学习管理的基础理念以及在特定领域内的最新进展和研究成果，或者在理论层面上对某些问题进行深入探讨。通过理论培训，受训者不仅能提升自己的理论知识，还能更好地掌握管理理论的最新进展，并在实际操作中及时应用这些最新的管理思想和技巧。为了更好地将理论与实践相结合，并增强受训者处理实际问题的技能，我们可以参考德国某些培训中心的经验和做法。在培训主管人员的过程中，他们采用了一种名为“篮子计划”

的策略。基于学员的理论学习，他们将企业中常见且需要迅速解决的问题整理成多个具体、针对性强的问题，并将它们放入一个“篮子”中。学员可以自行选择答案进行讨论，相互启发和补充，从而增强对特定问题的理解和处理技巧。

②职务轮换。职务轮换是一种让受训者在不同部门的不同主管或非主管职位上轮流工作的方式，这样可以让他们全面了解整个组织的不同工作内容，获得不同的经验，为将来在更高层次的职位上任职奠定基础。职务的轮换涵盖了非主管职位的更替以及主管职位之间的轮替等多种形式。

③提升。提升包括以下两种方式。

第一，有计划地提升。这一策略有助于培育那些未来有潜力晋升至更高级别职位的管理人员。这是一个按照预定计划进行的过程，目的是让管理层通过多层次的培训，从基层逐渐晋升到高级职位。这种有组织、有计划地提升不仅是上层管理人员所知道的，受训者自身也是清楚的。因此，这不仅有助于上级领导有针对性地培养和观察下属，同时也促使受训者更加积极地学习和掌握各种必要的知识，为他们未来的职业生涯奠定更为坚实的基础。

第二，临时提升。所谓的临时提升，是指当某个高级管理人员因特定原因，如休假、生病或长时间的出差导致职位空缺时，企业会选择一个具有培训潜力的下级管理人员来代替他。这种方式不仅是一种培训手段，同时也为企业提供了便利。代理者在代理过程中作出的决策和承担的所有职责所积累的经验是非常有价值的。

④设立副职。设立副职的目的是确保受训者与经验丰富的管理人员紧密合作，而这些管理者会特别关注受训者的成长和发展。这类副职职位经常以助理等职称出现。某些副职职位是临时性的，一旦培训任务完成，部分副职职位将被取消，而另一些副职职位则是长期存在的。不论是长期性的还是临时性的，副职人员在对主管人员进行培训方面都具有很高的价值。采用这种方式，配备了副职的管理人员能够有效地扮演教员的角色，通过分配给受训者特定的任务，并提供针对性的支持和指导，从而有助于提升他们的职业能力。对于接受培训的人而言，这种方式也为他们提供了实际操作的机会，并能观察和学习在职管理人员在问题分析和解决方面的专业技能和方法。

⑤研讨会。研讨会指的是各相关参与者聚集在一处，针对特定问题进行深入的讨论或作出决策。通过组织研讨会和企业高层管理人员与受训者共同探讨各种关键问题，我们可以为他们创造一个平台，让他们观察和学习高级管理人员在处理各种事务时所遵循的基本原则和解决问题的具体策略，从而积累领导经验。此外，人们还可以通过参与各种讨论和企业方针的讨论，更好地理解和学习如何利用集体的智慧来解决各种问题。

⑥辅导。对于那些负责培训的高级管理人员，辅导被视为一种标准的培训手段。这正是我们常说的“传授、协助、教导”。在辅导过程中，我们需要强调培

养受训者的自信和独立工作的能力，同时也要培养他们在处理人员、财务、物资、时间和信息等方面的管理技能。值得强调的是，高级管理人员在对待辅导对象时，既不能始终心存疑虑，总是扶持他们，也不能放任他们随心所欲地展现自己的才华。相反，他们应该时刻关心、提醒他们，协助他们识别并克服自身的不足，充分利用他们的优势，从而塑造出自己独特的管理和领导方式。除了前面提到的六种策略，还有众多具体的方法，如实地考察、案例分析、进一步的培训等。总体来说，企业在进行具体的培训活动时，需要根据自身企业的独特性质和培训对象的特性来选择最适合的培训方法，以确保培训活动能够真正达到预期的效果。

（七）员工激励

1. 当代激励理论

（1）自我决定理论

自我决定理论深入探讨了人类的驱动力、个性、成长和幸福感的宏观层面，专注于研究个体行为中的自我驱动或自我决策的强度。这一理论主张，一个人的行为模式是基于其内在的先天倾向，同时，外部环境也对这种先天倾向产生了显著的作用。

自我决定理论主张，人类是一个充满活力的有机体，拥有心理成长和发展的潜质，并倾向于通过自我决定的方式与周围环境进行互动，从事对他们个人成长和发展有益的活动。自我选择不仅代表了一种内在的潜力，同时也是一种正面的需求。追求自我决策的这种精神，是驱使人类行为的核心驱动力。此外，这一理论还指出，尽管人们天生具有心理成长和发展的倾向，但这种倾向的自然表现是依赖于特定的环境因素和人们基本心理需求的满足，这是形成积极动机的基础性条件。

自我决定理论涵盖了三大核心内容：一是基础的心理需求，详细描述了自主、能力和归属的需求，以及这三种需求与幸福感之间的联系；二是关于自我决定动机，这包括了认知评价理论和有机整合理论两大部分，涵盖了内在动机及其影响因素、外在动机及其内化过程，以及内在动机与外在动机之间的相互关系；三是涉及个体之间自我决定动机的差异性，并对因果关系和目标内容的理论进行了详细介绍。

自我决定理论指出，一个人的健康发展和最佳功能的达成，都依赖于三个基本的心理需求：自主需求、能力需求和归属感的满足。这三个基础的心理需求是人类天生的、广泛存在的发展需求，并不会因为不同的文化背景而产生差异。满足基本的心理需求可以促进个体的成长和心理发展潜能的表达，这样的个体不仅能够保持健康的心理状态和完整的人格，还能够有效地执行各种功能，并会形成自我决定的动机。

自主的需求，也就是自我决策的需求，体现了个体对于自己行为的选择和自我控制的感觉。如果一个人在某个活动中的决心不被妨碍，他或她可以自由地表达自己的观点，并在该活动中展现出较高的自主决策力，如启动、调整和保持自己的行动。当这样的需求得到满足，人们便会感受到个人的自由，这是一种内在的归因，可以自主决定自己的行为。我们应该如何协助新一代的员工增强他们的自我管理能力呢？首先，我们需要为他们提供与各项活动有关的详细信息，以便他们在行动上有更多的选择余地；接纳他们的“参考系”，深入了解他们对目前情况的观点、看法和所需；当他们面临困境时，要理解他们所体验到的负面情绪。这些建议似乎相当复杂，其核心是将人的价值提升到其他所有外部价值之上，并认识到一个人固有的价值和重要性，这种价值和重要性是绝对的，不会因为其他外部的奖赏或评估而有所改变。

所谓的能力需求，是指人们渴望完成那些充满挑战和困难的工作，以实现他们所期待的成果。当一个人深信自己的行为可以达到特定的高度，并确信自己有能力完成这项任务时，当这些需求得到满足时，他们会有一种控制、成就和管理的感觉。那些需要满足能力需求的人通常展现出更强的自信和自我效能，他们更倾向于接受各种挑战，而不是选择逃避，并在面对具有挑战性的任务时找到乐趣。自信通常是基于过去的成功经验而建立的，这些初步的成功经验对个人来说极为关键，它直接影响到个体在未来是否能够实现更高的成就。当我们面临失败或困境时，对自己的自我评价可能会下降，这时，他人的鼓舞和支持变得尤为关键。显然，当我们管理新一代的员工时，应该更加重视满足他们的技能需求，为他们设定既有挑战性又能实现的目标，并及时给予他们表扬，以增强他们的自我效能感和自信心。

归属意味着人们需要与他人建立相互的尊重和联系。当一个人与他人建立联系或成为某个集体的一部分时，他们会感受到来自他们所处环境或其他人的关心、理解和支持，这种满足使人们感受到一种归属感。归属感与我们所在的社群息息相关，当我们身处一个充满关心、喜爱和尊重我们价值观的集体时，我们会感受到强烈的归属感。因此，要提升新一代员工的归属感，关键在于关心他们的个人价值观和未来发展，让他们积极参与企业管理活动中，同时也要加强企业内部文化的建设。在管理新一代员工的过程中，我们有能力为他们营造一个充满理解和关心的合作工作环境，从而增强他们对工作的热情以及对公司和职位的忠诚度。

自我决定理论提出，人们的各种行为背后的驱动因素都是基于一个自主性的连续体系，从高到低的顺序是内部动机、外部动机和无动机。

所谓的内部动机，是指人们为了追求活动过程中的乐趣和满足而进行的某种行为。这种动机是人们天生的追求新奇、面对挑战、培养和锻炼自己的能力、勇于探索和学习的倾向，它反映了一个人内在的“成长过程”。它与个体的内在因素，例如兴趣和满足感等，有着紧密的联系，是一种高度自主的动机类型，代表了自我决定的原型。

所谓的外部动机，是指人们参与活动的动机并不是出于对活动的真正兴趣，而是为了追求某种可以区分的成果，如追求更高的分数或避免受到任何形式的处罚。历史经验告诉我们，以往对于内部和外部动机的分类过于简略，但近些年的研究已经将外部动机下的行为调控细分为外部调节、卷入调节、认同调节以及整合调节这四种具有不同自主性的行为管理策略。外部调节和卷入调节的自我决定能力相对较弱，通常被称为控制性调节，而认同调节和整合调节的自我决定能力相对较强，也被称作自主性调节。

在所有动机类型中，无动机是最缺乏自我决策能力的一种。其显著特性是，个体往往无法理解自己的行为与其结果之间的紧密联系，对所进行的活动缺乏兴趣，也没有任何外部或内部的调整行为来保证活动的顺利进行。

良好的社会支持可以帮助个体培养高度的自主性和内在驱动力。然而，当这些条件变得难以满足时，个体可能会产生外在的动机来驱使他们的行为。即使是受到外部动机调控的行为，在自我决策的连续过程中，也会因为不同程度的自主性而产生四种不同的行为调控方式。决定这些个体在自我决策层面上差异的核心因素是他们对外界价值的接受和内化水平。

（2）目标设置理论

美国马里兰大学的管理学和心理学教授爱德温·洛克在 20 世纪 60 年代首次提出了目标设置理论，他坚信个体的行为是由其目标所驱使的。这个理论的核心观点是：设定一个明确、困难且能从某个角度评估的目标，可以显著提高人们对此目标的接受度，从而比那些未接受此目标的人表现得更为出色。例如，当管理者评估员工的工作进度时，他们会说：要尽速完成任务，并努力达到最佳状态；在三天内达到完成状态。后者采用时间作为具体目标的衡量标准，其中“三天”是一个可以量化的、明确的目标，这有助于个人更好地理解和掌握，员工在完成这些任务后会感受到成就。然而，前者是一个相对抽象的观念，员工在执行任务时不会感受到过多的压力，与后者相比更为轻松。然而，当任务完成后，由于目标过于模糊，员工往往难以从中获得满足感和成就感。

另外，如果一个明确的目标设定得过高，超出了员工的实际能力，那么员工可能会对此产生反感，从而无法完成预定的任务。当然，这并不与之前的研究中强调理论支持的成就相冲突。真正的成就需要那些在理论上取得高度成就的人愿意承担具有挑战性的任务，但那些与生俱来的高成就者所占的比例相对较小，因此，这两者之间并不存在冲突。为了充分激发员工的工作热情，我们应该如何设定这样的目标？目标设定理论主张，员工应当有机会参与目标设定的过程，以确保目标的明确性和难度的合适性。然而，并不是每一个实例都能验证这一观点的准确性。在一些成功的案例中，该理论指出，让员工参与目标设定中的好处是增加了目标的接受度，使员工更愿意通过自己的努力来实现他们之前参与设定的目标。

这一理论进一步指出，当个体在为目标付出努力时，如果得到了工作质量的反馈，他们的工作积极性可能会超过没有反馈的情况。基于收到的反馈，每个人都可以适时地调整自己的工作方式，确保工作效率更高且不偏离既定目标。因此，反馈能够为个体行为提供方向，但这些反馈的成果肯定能有效地激发个体的积极性。

由于文化和社会背景的差异，目标设定理论中融入了多种变动性因素，其中最关键的是个体的自我效能感，也就是他们对能否成功完成任务的坚定信念。个体的自我效能感越强，他们实现目标的自信也就越强烈，面对负面反馈时，他们会倍加努力去面对挑战；面对不利因素时，那些效率较低的人可能会选择减少自己的努力，或者甚至完全放弃。

（3）强化理论

这个理论提出，行为的出现是由外界因素引起的，而控制这些行为的元素被称为强化物。换句话说，如果在一个人的积极行为完成之后立即给予一个积极的加强物，那么这种行为的重复频率将会增加；当一个人的消极行为结束后，如果紧随其后施加一个消极的加强剂，那么这种行为的重复率将会减少。前一个是正面的强化效果，而后一个则是负面的强化。衰减是一种自然的退化现象，当一个人的理想行为没有得到及时的正向或负向强化时，这种行为就会自然地消失，个体不再会重复这种行为。这进一步阐释了在激励措施原则中，时效性原则的重要性，只有当奖励或惩罚与相应的行为相匹配时，它们才被认为是最为有效的。

美国心理学家斯金纳，作为行为主义心理学流派的代表，提出了强化理论。这一理论并不涉及人类的认知过程和人格特质等核心精神要素，这是其明显的不足之处。尽管如此，它在指导人们的行为方面表现得相当简洁和实用，因此现在仍有许多值得参考的方面。

（4）公平理论

公平理论，也被称为社会比较理论，是美国心理学家亚当斯在 1965 年首次提出的。正如其名称所暗示的，这一理论主张，员工的激励水平是基于他们在社会生活或环境中对参照对象的薪酬和投入比例的主观比较感受来决定的。

这一理论建立在两个前提之上，首先是个体对其社交关系的评估，也就是个体在付出时期望得到某种形式的回报；其次，一个人并不是盲目地评价自己的公平，而是将自己的实际情况与他人进行对比，以此来评估自己的情况是否公正。

在对个体进行比较的过程中，最普遍的方法是进行横向对比。个体会将自己的实际情况与组织内其他成员进行对比，也就是说，他会将自己的收益与投入的比例与组织内其他成员进行比较。只有当两者相等时，个体才会认为这种比较是公正的。

$$\frac{\text{对自己所获报酬的主观感觉}}{\text{对自己所作投入的主观感觉}}=\frac{\text{对他人所获报酬的主观研究}}{\text{自己对他人所作投入的主观感觉}}$$

当上述公式在左右两侧不一致时，员工可能会觉得不公平，并可能会选择以下方式：通过某种行动来改变自己或他人的收益或投入；重新选择其他的参考标准来进行对比；离开职位。这些行动所带来的结果会直接对组织的目标达成和生产效率的波动产生影响。

还存在一种纵向的比较方法，即员工对自己过去和现在的情况进行比较，这与之前的横向比较原理相似，这种比较也会影响员工的行为，进而影响组织目标的实现。

尽管这个理论强调了人们的主观评价，但它同样反映了激励措施中的一个核心原则，那就是公平原则。在制定相关政策和实施激励措施的过程中，管理者必须优先考虑效率，同时也不能忽视公平性。实现绝对的公平是困难的，但我们必须确保大部分员工的权益不受损害，防止他们感受到不公平。

（5）期望理论

维多克弗隆是期望理论的提出者，这一理论主张一个行为的倾向强度是由该行为能为个体带来的预期结果的强度所决定的。

影响一个人积极性的首要因素是努力和绩效之间的关系，也就是期望。当一个人觉得他付出的努力有更大的可能性产生某种绩效时，他通常会选择更加努力，并展现出更高的工作热情；相对而言，个体展现出的积极性相对较低。然而，在实际的管理工作中，存在许多不确定的因素。尽管组织中有一个绩效评价体系来验证员工的表现，这可能会激励员工更加努力工作，但如果最终的绩效没有达到员工的预期，那么员工的积极性将会大大降低。

影响个体工作积极性的另一个关键因素是绩效与结果之间的相互关系，也就是媒介性。当一个人觉得他或她所取得的成果会产生积极、匹配或预期的效果时，媒介的作用是正向的，这会极大地激发他或她的积极性；相对地说，介质的性质呈现为负数。然而，这只是一个单向的问题。在实际的管理工作中，当除了员工的努力以外，学历和人际关系也能带来较高的组织奖励时，那些积极努力工作的员工就会受到负面影响，从而降低了他们的工作热情。

影响个体积极性的最后一个要素是效价，也就是个体最终获得的成果。在实际的管理工作中，我们可以这样理解，一个员工凭借自己的努力取得了出色的业绩，并因此获得了组织的奖赏。但这种奖励可能并不是员工真正需要的，他们可能更关心的是升职而不是加薪，这样的情况可能会降低员工的工作热情。这个因素很好地反映了先前研究中激励措施执行的一个基本原则——根据需求进行奖励。只有当我们真正感受到员工所追求的成果时，我们才能确保员工的个人愿景与组织的目标达成一致，从而最大限度地激发员工的工作热情。

在实际应用这一理论时，也有一些不明确的地方，例如管理者有时难以明确自己的团队成员真正追求的是什么。然而，在实际的环境中，有许多客观因素超出了人们的感知范围，这导致了人的感知与这些客观因素之间的碰撞。

2. *薪酬激励*

（1）为员工提供有竞争力的薪酬

企业应让每一位员工在加入企业后都能珍视这份工作，并全力以赴地展现自己的所有能力。那些提供最高薪资的公司是最有能力吸引并保留人才的，特别是那些表现卓越的员工。对于该行业的领军企业来说，这是非常关键的。更高的薪酬往往能带来更高的满足感，与此同时，员工的离职率也相对较低。一个组织结构合理且管理得当的绩效薪酬体系，应当能够保留表现出色的员工，并淘汰那些表现不佳的员工。

（2）重视内在报酬

事实上，我们可以将报酬分为两种类型：外部的和内部的。外部报酬主要涵盖了组织所提供的薪资、额外津贴、晋升的机会，以及来自同事和上级的认可与支持；内在报酬与外在报酬是相对的概念，它是基于工作任务所带来的各种回报，例如对工作的满足感、成就感、责任心、被重视的程度、影响力、个人的成长和价值贡献等。实际上，知识型员工的内部薪酬与他们对工作的满意度之间存在着密切的联系。因此，为了确保员工在工作中获得最大的满足感，企业组织可以采用工作制度、员工的影响力和人力资本的流动策略来实施内部薪酬。

（3）把收入和技能挂钩

构建一个以员工能力为基准的个人技能评价体系，用以确定他们的薪资水平，其中工资等级从技能最低到最高被划分为多个不同的层次。以技能为基础的制度在岗位交换和新技术引进上具有很大的适应性。当员工展示出他们有能力胜任更高级别的职位时，他们所得到的薪酬自然会有所增长。此外，以技能为基础的薪酬体系也重新塑造了管理的方向。在实施技能薪酬制度之后，管理的核心不再仅仅是限制任务的分配以使其与职位等级相匹配；反之，充分发挥员工现有技能的潜力将会是新的关注焦点。这一评估机制的最大优点在于它能够有效地传达信息，并促使员工更加专注于自己的职业成长。

（4）提高薪酬支付的透明性

公司的员工非常关心工资的公正性，同时也对人才市场上的薪资趋势表示出浓厚的兴趣。在公司的内部结构中，工资应当是公开透明的，这样可以减少员工的随意推测，以确保员工的稳定性，并为公司的持续增长提供保障。此外，一个透明的薪资管理体系可以帮助员工明确自己在公司中的成长路径，为自己的职业生涯设定目标，并持续为之付出努力。该企业采用千分制的考核方法和不同职位的薪资波动系数，将公司的长期工作目标与员工的职业发展目标紧密地融合在一起。

3. 工作特征激励

美国管理理论家赫茨伯格的双因素理论指出，相对于工资报酬这些工作的外部特征而言，个人在更大程度上是受到像工作内容有意义这类内部工作特征激励的。赫茨伯格指出，激励员工的关键并不在于金钱刺激，而是在于通过对工作进行重新设计使工作变得更有意义。

一个相对完善的模型，探讨工作设计如何影响员工的反应，是由美国的管理专家理查德·哈克曼和格雷格·奥尔德姆所提出的“工作特性模式”。这一模型指出，员工存在的三种心理状况会导致工作表现的提升、内部动力的增强以及更低的缺席率和人员流动率。那些充满活力、高满意度和高生产效率的员工往往能够深刻理解工作的真正价值；对于工作成果持有强烈的责任感；具备对职业绩效成果的深刻理解。通过实现这三种心理状态，可以作为一种加强员工能力和内部激励的手段，从而使员工提升工作表现。哈克曼和奥尔德姆曾经指出：“真正的成果是一种由个体自我驱动的持续的积极工作动力循环。这种动力可以预测，在三种心理状态中，至少有一种或多种激励将不再存在，或者直到个体不再对从优秀业绩中分离出来的内部激励进行评价。”哈克曼和奥尔德姆认为五个核心工作特性导致了三种心理状态。这五个核心工作特性是：①技能多样性，即工作要求任职者运用多种技能来完成任务的程度；②任务完整性，即一种工作要求任职者从头到尾完成某件“完整”工作的程度；③任务重要性，即一种工作对他人生活所产生影响的重要程度；④自主性，即工作允许个人在工作完成方式方面进行自我决策的程度；⑤反馈，即一个人能够从工作本身获得关于自己完成工作的有效性程度。强调激励的工作设计方法通常倾向于强调提高工作的激励潜力。工作扩大化（增加所需完成工作的类型）、工作丰富化（增加工作的决策权）以及自我管理工作团队等管理实践，都可以在激励型工作设计方法中找到自己的渊源。

4. 工作再设计

（1）工作再设计的内涵

工作再设计是一个过程，在这个过程中，需要重新定义要完成的具体任务和方法，并明确这些任务是如何与其他任务相互关联的。在众多场合中，工作再设计被视为一种提高员工工作与生活品质的手段。重新设计工作的目的是提高生产效率并优化工作品质，这涉及对某些特定工作任务和计划的调整。工作的再设计涉及低附加值任务管理的自动化、计算机化、内部资源和外部资源等多个方面。根据各种不同的计划，工作任务有可能被重新规划为更全面、更丰富和可交替执行的形式，同时也能提供更为灵活的工作布局。

在工作再设计的过程中，员工通常被置于核心位置，他们被邀请参与工作设计的各个环节，并有机会提出关于工作改进的各种观点和建议，同时也能参与工作再设计的详细内容的编制。采取这种方式，一方面可以确保员工的努力得到组织的肯定，从而提高员工在职场上的满足感，并进一步激发他们的工作积极性；从另一个角度来看，工作设计是在员工群体中进行的，其设计内容更加贴近实际需求，有助于工作流程的顺畅执行，并共同推动了组织生产活动的效率提升和产出的最大化。

（2）工作再设计的方法

①工作轮换。工作轮换作为一种早期被采纳的工作再设计策略，旨在避免工作专业化的不足。这种方法确保工作流程不会受到太大的干扰，并允许员工从完成一个任务转向执行另一个任务，从而为实现“一专多能”的目标创造了有利的环境。

工作轮换带来的益处是显而易见的。它鼓励员工展现各种才华，探索新的职责，并积累新的工作经验。这不仅有助于提高员工的适应能力，还为他们提供了一个全方位观察和理解工作流程的平台，激发他们的工作热情，并消除他们长时间从事某项工作的不满情绪。尤其是当工作轮换的难度增加时，它的工作将变得更加具有挑战性。对管理层工作的轮替为他们创造了一个学习和培训的平台，以深化他们对公司的整体认识；为了更有效地平衡人与人之间的关系，并为未来的升职做好铺垫。需要强调的是，如果员工缺乏完成新任务所需的技术和知识，那么工作的轮换将很难达到预期的效果。

工作轮换有其固有的不足之处，因此，在实际操作中，工作设计人员应当给予特别的关注，并实施适当的策略来避免这些问题。更具体地说，主要包括以下几个方面。

第一，发生轮换后由于任职者需要熟悉工作，可能会使工作效率降低。使一位员工从先前的岗位进入一个新的岗位需要增加培训成本，还会带来生产效率下降的问题，因为员工在先前岗位上的效率性能提高组织的积极性。

第二，工作轮换可能使那些聪明而富有进取心的员工的积极性受到影响，因为这些人喜欢在他们所选定的专业上寻找更大的责任。

第三，非自愿地对员工进行工作轮换，可能导致旷工和事故的增加。

②工作扩大化。工作扩大化是一种与专业化分工完全相反的工作再设计方式，它意味着通过增加工作内容，使员工的工作变化更多，要求员工拥有更多的知识和技能，从而提高员工的工作兴趣。工作扩大化的核心特征是在横向上扩展与工作环境相似的工作领域，这使得员工的职责变得更为多元。每位员工不仅要在各个工序中工作，还需要参与相似、相邻、前置或后置的工序。

工作扩大化带来的益处包括，在某种程度上减少了工作的单调性，提升了员工的技能水平，增强了他们的责任感，并提升了员工对工作的满意度。然而，如果员工长时间保持这种工作状态或不给予他们适当的经济回报，他们可能会觉得受到了不公平的待遇，这会大大削弱工作扩展的效果。

③工作丰富化。工作丰富化是指增强员工在计划、组织、控制和评估自己工

作时的自主性和责任感，这是对工作内容和责任层次的基本改变，目的是为员工提供更具挑战性的工作。不同于工作扩大化主要集中在扩大员工的工作领域，工作丰富化更多是为了扩大员工的工作权限范围。工作的多样性赋予了员工在确定工作方式、进度和薪酬等方面的决策权，这在本质上是将部分或全部的传统管理权限赋予员工。工作丰富化的关键在于激励因子的影响，更具体地说，工作丰富化可以从六个主要方面实施。

第一，增加员工责任感。企业不仅需要加强员工在生产过程中的责任感，还需要提升他们对产品质量的控制能力，确保生产活动具有计划性、连续性和节奏性，从而让他们感到有义务去完成一项全面的任务。与此同时，提高员工的责任感意味着减少管理和控制的强度，鼓励员工进行自我管理，而不是依赖外部的控制。

第二，团队建设与工作自主。赋予员工一定的工作自主权和自由度。发挥团队作用，强化团队目标而淡化个人责任制或岗位责任制，给员工充分表现自己的机会，使员工认识到其工作的意义。

第三，工作反馈。将有关员工工作绩效的数据及时反馈给员工，使他们看到自己的劳动成果，了解个人的工作绩效，是使之产生工作满足感的重要因素。

第四，员工考核。根据团队或小组成员实现工作目标的程度而给予相应的报酬与奖励，使员工感受到被赏识和承认，并认识到集体的力量。

第五，员工培训。尽可能地多为员工提供学习的机会，以满足员工进步、成长和发展的需要。

第六，增强员工成就感。通过提高员工的责任心和决策的自主权，进一步突出团队与小组的作用，并使其中每个成员都能提高其工作的成就感。

工作的多样性带来了显著的好处：它为员工带来了更强烈的激励和更多的满足感，这不仅提升了员工的工作效率和产品的品质，还有助于降低员工的缺席率和离职率。然而，工作的多样性与改革工作的核心内容息息相关，这使得其变得更为复杂和具有挑战性。与此同时，对员工的期望也随之提高，工作的多样性效果在很大程度上也与员工的成就驱动程度有关。

5. 关系性工作设计

关系性工作设计是一种旨在提升员工工作体验和动力的方法，通过让员工与工作的受益者之间建立联系，为员工带来多方面的积极影响。

（1）关系性工作设计的重要意义

①增强工作意义感。当员工意识到他们的工作直接影响到受惠者时，他们会对工作的重要性和价值有更深入的了解。例如，当医疗团队观察到病人在他们的指导下逐步恢复健康，以及教师看到学生在他们的指导下持续进步时，这种直接的反馈可以使他们更加深刻地认识到工作的价值，并增强对工作意义的理解。增

强意义感可以有效地提升员工对工作的满意度和忠诚度，同时也能降低他们离职的可能性。

②提高工作动力。一旦与受益人建立了联系，员工便会更加重视工作成果，因为他们深知自己的付出会直接影响到受益者的权益。这样的责任心可以转变为巨大的工作激情，激励员工更为主动地投身于工作中。为了提升工作的效率与品质，并为受惠者带来更优质的服务或产品，员工可能会积极地探索更佳的工作策略和解决方法。

③促进员工成长。在与受益人进行互动的过程中，员工有机会了解到受益者的具体需求和预期，这将有助于他们不断地调整自己的工作模式和技术能力，以便更有效地满足这些需求。这样的反馈策略有助于员工在个人和职业上的进步，帮助他们持续增强自己的专业技能和整体素养。

（2）实现关系性工作设计的方法

①直接接触受益者。组织员工与受益于工作的人员进行直接的对话和交流，使他们更好地理解受益者的经历和需求。比如说，公司有可能安排员工参观客户的制造现场，以便更好地了解客户对产品的使用习惯和他们的反馈；我们鼓励员工积极参与志愿者活动和社区服务，这样他们在为社会作出贡献的同时，也能深刻感受到自己的工作对他人产生的积极影响。

②提供反馈渠道。我们需要构建一个高效的反馈系统，使得受益者可以迅速地向他们的员工报告工作成果和他们的满意度。比如说，公司可以采用如客户满意度调研、在线评估等手段来收集客户的反馈，并把这些建议传递给员工。员工有机会根据受益人提供的反馈来进行自我反思和优化，从而不断提升工作的整体质量。

③讲述受益者故事。在企业内部或团队中分享受益者的故事，让员工了解自己的工作对受益者的重要性。讲述受益者故事可以激发员工的同情心和责任感，增强员工与受益者之间的情感联系。

（3）关系性工作设计的注意事项

①保护受益者隐私。在让员工与受益者建立联系的过程中，要注意保护受益者的隐私。不得泄露受益者的个人信息和敏感数据，以确保受益者的权益得到充分保障。

②避免过度压力。虽然与受益者建立联系可以增强员工的工作动力，但也要注意避免给员工带来过度的压力。要合理安排工作任务和时间，确保员工有足够的精力和资源来完成工作，同时也要关注员工的心理健康，及时提供支持和帮助。

③持续改进。关系性工作设计是一个持续的过程，需要不断地进行改进和优化。企业或组织要定期收集员工和受益者的反馈意见，评估关系性工作设计的效果，并根据评估结果进行调整和改进，以确保这种设计方法能够持续发挥积极

作用。

6. 灵活工作安排

灵活工作安排是一种适应现代工作需求的创新模式，包括弹性工作时间、压缩工作周、工作分享和远程办公等多种形式，为员工和企业带来了诸多益处。

（1）弹性工作时间

弹性工作时间是指员工在一定范围内可以自由选择开始和结束工作的时间。这种工作安排给予员工更大的自主权，让他们能够根据自己的生活节奏和需求来安排工作时间。

弹性工作时间的优点如下。

①提高员工满意度和工作效率。员工可以在自己最有效率的时间段工作，避免了传统固定工作时间可能带来的疲劳和压力。例如，习惯早起的员工可以选择早点开始工作，在精力最充沛的时候完成重要任务，而夜猫子型的员工则可以晚点上班，在晚上更有创造力的时候高效工作。

②有助于员工更好地平衡工作与生活。员工可以根据家庭需求、个人爱好等安排工作时间，更好地照顾家人、参加社交活动或进行自我提升。比如，有孩子的员工可以在孩子上学后开始工作，放学后有更多时间陪伴孩子。

③增强企业的吸引力和竞争力。在人才竞争激烈的市场环境下，提供弹性工作时间的企业更容易吸引和留住优秀人才。

企业实施弹性工作时间的注意事项如下。

①明确工作目标和任务要求。虽然员工有了弹性工作时间，但企业仍需确保员工清楚自己的工作目标和任务，以便在规定的时间内完成工作。

②建立有效的沟通机制。由于员工的工作时间不一致，企业需要建立良好的沟通渠道，以确保信息及时传递和问题及时解决。

（2）压缩工作周

压缩工作周是指员工在较短的时间内完成一周的工作任务，通常是将每周的工作时间压缩到更少的天数。例如，将原本五天的工作周期压缩到四天，每天工作时间相应延长。

压缩工作周的优点如下。

①提高工作效率。员工在压缩的工作时间内会更加专注和高效地完成工作任务，减少了工作中的拖延和浪费。同时，较长的连续工作时间也有助于员工更好地进入工作状态，提高工作质量。

②增加员工的休息时间。员工可以有更多的连续休息时间，用于放松身心、陪伴家人或进行其他活动。这有助于提高员工的生活质量和幸福感，进而提升工作积极性和创造力。

③降低企业成本。对于企业来说，压缩工作周可以减少办公空间、设备和能源等

方面的成本支出。例如，减少一天的办公时间可以降低水电费、物业费等费用。

压缩工作周的注意事项如下。

①合理安排工作任务。企业需要根据员工的工作能力和任务需求，合理分配工作任务，以确保员工在压缩的工作时间内能够完成工作。同时，也要避免过度加班，影响员工的身心健康。

②关注员工的工作压力。压缩工作周期可能会给员工带来一定的工作压力，企业需要关注员工的工作状态，提供必要的支持和帮助，如心理咨询、培训等。

（3）工作分享

工作分享是指两个或多个员工共同分担一份工作任务，他们可以根据自己的时间和能力安排工作，共同完成工作目标。例如，两个员工可以每周各工作三天，共同承担一份全职工作。

工作分享的优点如下。

①提供更多的工作机会。工作分享可以让企业在不增加全职员工的情况下，完成更多的工作任务。这对于那些希望灵活就业的人来说，提供了更多的工作机会。

②促进员工之间的合作和交流。员工在共同工作的过程中，可以相互学习、相互支持，提高团队合作能力和工作效率。同时，也可以分享工作经验和知识，促进个人成长和发展。

③满足员工的多样化需求。不同的员工可能有不同的生活需求和工作偏好，工作分享可以让他们根据自己的情况选择合适的工作时间和方式，更好地平衡工作与生活。

工作分享的注意事项如下。

①明确工作职责和分工。在工作分享之前，企业需要明确每个员工的工作职责和分工，以确保工作任务能够顺利完成。同时，也要建立有效的沟通机制，及时解决工作中出现的问题。

②确保工作质量和效率。企业需要对工作分享的员工进行培训和管理，以确保他们具备完成工作任务的能力和素质。同时，也要建立考核机制，对员工的工作质量和效率进行评估和监督。

（4）远程办公

远程办公是指员工通过互联网等技术手段，在远离办公室的地方进行工作。例如，员工可以在家中、咖啡馆、图书馆等地方工作，通过电子邮件、视频会议等方式与同事和客户进行沟通。

远程办公的优点如下。

①提高员工的工作效率和满意度。远程办公可以让员工避免通勤时间和交通拥堵，节省时间和精力。同时，员工可以在自己熟悉和舒适的环境中工作，更容易集中注意力，提高工作效率。此外，远程办公也可以让员工更好地平衡工作与

生活，提高工作满意度。

②扩大企业的人才招聘范围。企业可以招聘来自不同地区的人才，不受地理位置的限制。这有助于企业吸引更多的优秀人才，提高企业的竞争力。

③降低企业的运营成本。远程办公可以减少企业的办公空间、设备和能源等方面的成本支出。同时，也可以减少员工的通勤费用和时间成本，提高员工的福利水平。

远程办公的注意事项。

①建立有效的沟通和协作机制。远程办公需要员工之间通过互联网等技术手段进行沟通和协作，因此企业需要建立有效的沟通和协作机制，以确保信息及时传递和问题及时解决。例如，企业可以使用视频会议、即时通信等工具，加强员工之间的沟通和协作。

②确保员工的工作安全和数据安全。远程办公需要员工使用自己的设备和网络进行工作，因此企业需要确保员工的工作安全和数据安全。例如，企业可以提供安全的网络连接和数据存储方式，加强员工的安全意识培训。

③管理员工的工作进度和绩效。远程办公需要企业对员工的工作进度和绩效进行有效的管理和监督。例如，企业可以使用项目管理工具、绩效考核制度等方式，以确保员工按时完成工作任务，达到工作目标。

7. 员工认可

员工认可对于提升员工的工作积极性、增强团队凝聚力以及促进企业的良好发展具有重要意义。以下是对各种员工认可方式的分析。

（1）召开表彰大会并颁发奖状

①优点。

第一，具有仪式感。表彰大会通常会在正式的场合举行，这种仪式感能够让员工感受到企业对他们的重视和尊重。奖状作为一种有形的荣誉象征，可以被员工长久保存，成为他们职业生涯中的重要记忆。

第二，激励全体员工。表彰大会不仅能激励获奖员工，还能对其他员工起到榜样示范作用。看到同事因出色表现而获得表彰，会激发他们努力工作、追求卓越的动力。

第三，增强企业凝聚力。通过表彰大会，企业可以向员工传达共同的价值观和目标，促进员工之间的交流与合作，增强企业的凝聚力。

②实施要点。

第一，明确评选标准。企业应制定公正、透明的评选标准，以确保奖项的权威性和公信力。评选标准可以包括工作业绩、创新能力、团队合作精神等方面。

第二，精心策划大会流程。从场地布置、主持人选择到颁奖环节的设计，都要精心策划，营造出热烈、庄重的氛围。可以邀请企业领导、嘉宾出席，为大会增添光彩。

第三，后续宣传推广。对表彰大会进行宣传报道，通过企业内部渠道（如公告栏、内部邮件、微信公众号等）展示获奖员工的风采和事迹，进一步扩大表彰的影响力。

（2）上级的口头表扬

①优点。

第一，及时性。上级可以在员工表现出色时立即给予口头表扬，让员工感受到自己的努力被及时认可。这种及时的反馈能够增强员工的自信心和工作动力。

第二，个性化。上级可以根据员工的具体表现进行个性化的表扬，让员工感受到被关注和理解。例如，上级可以指出员工在某个项目中的创新点或突出贡献，使表扬更具针对性。

第三，促进上下级沟通。口头表扬为上下级之间提供了良好的沟通机会，上级可以借此表达对员工的期望和鼓励，员工也可以分享自己的工作心得和想法，增进彼此的信任与合作。

②实施要点。

第一，表达真诚。上级在表扬员工时要真诚，避免敷衍和形式主义。要用具体的语言描述员工的优秀表现，让员工感受到上级的真心赞赏。

第二，频率适度。口头表扬要适度，不能过于频繁或随意。如果表扬过于频繁，可能会降低其激励效果；如果表扬过于随意，可能会让员工觉得不被重视。

第三，结合实际工作。将口头表扬与实际工作相结合，提出具体的改进建议和发展方向，帮助员工不断提升自己的能力和水平。

（3）同事的尊重

①优点。

第一，增强团队合作。同事之间的尊重能够营造良好的工作氛围，促进团队成员之间的合作与支持。当员工感受到同事的尊重时，他们会更愿意与他人分享经验、共同解决问题，提高团队的整体绩效。

第二，提升自我价值感。来自同事的尊重是对员工个人能力和价值的认可，能够增强员工的自我价值感和成就感。这种积极的心理感受会促使员工更加努力地工作，为团队作出更大的贡献。

第三，促进员工成长。在一个相互尊重的团队中，员工可以从同事身上学到更多的知识和技能，获得更多的成长机会。同时，同事的反馈和建议也可以帮助员工不断改进自己的工作方法和态度。

②实施要点。

第一，培养尊重文化。企业可以通过培训、团队建设活动等方式，培养员工之间相互尊重的文化氛围。让员工明白尊重他人的重要性，学会欣赏他人的优点和长处。

第二，建立良好的沟通机制。鼓励员工之间积极沟通、交流，及时解决矛盾和问题。良好的沟通机制可以避免误解和冲突，促进同事之间的相互尊重。

第三，树立榜样。企业领导和管理者要以身作则，尊重每一位员工，为员工树立良好的榜样。同时，要及时表彰那些在团队中表现出尊重他人的员工，激励更多的人向他们学习。

（4）顾客的感谢

①优点。

第一，强化服务意识。顾客的感谢能够让员工深刻体会自己的工作对顾客的重要性，从而强化他们的服务意识。员工会更加努力地为顾客提供优质的产品和服务，以赢得更多的顾客满意度和忠诚度。

第二，提升企业形象。顾客的感谢是对企业产品和服务的认可，能够提升企业的形象和声誉。当员工看到自己的工作得到顾客的肯定时，他们会更加自豪地为企业工作，为企业的发展贡献自己的力量。

第三，增强员工成就感。来自顾客的感谢是对员工工作成果的直接反馈，能够让员工感受到自己的努力得到了回报。这种成就感会激发员工的工作热情和创造力，促使他们不断提高自己的工作水平。

②实施要点。

第一，收集顾客反馈。企业可以通过问卷调查、电话回访、在线评价等方式收集顾客的反馈意见。及时将顾客的感谢传达给相关员工，让他们感受到自己的工作价值。

第二，公开表扬。将顾客的感谢公开化，通过企业内部渠道（如公告栏、内部邮件、微信公众号等）展示顾客的表扬信或评价，让更多的员工了解到顾客的满意度。

第三，奖励与激励。对于收到顾客感谢较多的员工，可以给予适当的奖励和激励，如奖金、荣誉称号、晋升机会等。这不仅是对员工的认可，也是对其他员工的一种激励。

第三节　现代人力资源管理与传统人事管理

传统的人事管理是关于人事关系的管理，通常是指人事部门作为组织内的职能部门进行的日常事务性工作。人事管理过程包括“进、管、出”三个环节。人的调进调出被认为是传统人事管理的中心内容。①

①温晶媛，李娟，周苑．人力资源管理及企业创新研究［M］．长春：吉林人民出版社，2020.

现代人力资源管理的核心是为了实现组织管理的目标和总体愿景，对人力资源的获取、开发、应用和维护进行全面管理，从而影响员工的态度、行为和表现，最大限度地挖掘人的潜力，提升工作效率，并确保人力和物力资源达到最佳的平衡。其主要任务是吸引、留住、激励和开发组织所需的人力资源。

一、人事管理和人力资源管理的相同点

现代的人力资源管理是从人事管理发展而来的，两者之间具有一些相同之处。

一是管理对象相同。两者都是对人的管理，具体来说是对人与人、人与事关系的管理。

二是管理目的相同。两者都以组织目标的实现为目的，力求实现人、财、物的最佳配合。

三是管理的某些内容相同。两者都涉及招聘录用、培训考勤、职务升降、考核奖惩、绩效管理、工资福利、档案管理、劳动关系和劳动合同等方面的管理。

四是管理的某些方法相同。两者在管理的过程中都会涉及制度、纪律、奖惩、培训等具体方法。

二、传统人事管理与人力资源管理的区别

现代的人力资源管理与传统人事管理在多个方面有所不同，主要体现在以下几个方面。

一是管理理念不同。在传统的人事管理观念中，人力资源被视为一种成本因素，而人事部门则被归类为非生产性和非效益性部门，它们往往忽视投入与产出的关系，对成本的重视程度相对较低。在人力资源管理的观点中，人力资源被视为所有资源中最有价值的一部分，经过精心开发的人力资源不仅可以增值，还能为组织带来可观的盈利。随着时间的推移，人力资源管理部门逐渐转型为一个注重生产和效益的部门。他们注重投入与产出的平衡，生产出的产品不仅是合格的人才和工作的完美匹配，而且追求的效益涵盖了人才、经济和社会三方面的综合效益，同时也考虑了短期和长期的效益。

二是管理内容不同。传统的人事管理模式是以事务为核心，其主要职责包括管理个人档案、人员配置、职位和职称的变更以及工资的调整等日常事务性工作。人力资源管理的核心理念是以人为中心，视人为一种宝贵的资源，并致力于其开发、应用和管理。其主要目标是挖掘人的内在潜力，激发他们的工作活力，以确保员工能够以积极、主动和创新的态度进行工作。

三是管理方式不同。传统上，人事管理主要依赖于制度性的控制措施和物质性的激励措施。在人力资源管理中，我们采纳了以人为中心的管理方法，充分考

虑人的情感、自尊和需求。我们主张以人为中心，以激励为核心，以惩罚为补充，更多地授权而较少地命令，旨在充分挖掘每个人的潜能并体现他们的价值。

四是管理策略不同。传统的人事管理方法主要集中在短期的人事任务上，过于关注眼前的情况，而忽视了长期的规划和思考，这种方式更像是战术型的管理。在人力资源管理中，我们不只是关注短期或短期的具体问题，更重视对人力资源的全面开发、前景预测和未来规划。基于组织的远景目标，我们制定了人力资源的发展策略，这是一种将战术与战略紧密结合的管理方式。

五是管理技术。传统的人事管理照章办事，机械呆板，技术单一。人力资源管理追求科学性和艺术性，不断采用新的技术和方法，完善考核系统、测评系统等科学手段。

三、人力资源管理的学科特点

（一）综合性

人力资源管理是一门涉及多个学科的高度复杂的学科，它具有综合性、交叉性和边缘性的特质。无论是在学术研究还是实际管理活动中，都需要涵盖社会学、人类学、经济学、管理学、系统学、心理学以及环境工程学等多个学科的专业知识。

（二）社会性

人力资源具备的社会属性和主动性，这意味着在共同的目标活动中，人们不仅存在市场经济和社会心理的联系，还涉及法律和道德的关系。这些关系不只是基于社会心理，它们还与经济和社会的利益、责任及权益紧密相连。因此，在集体劳动的过程中，人们作为社会的一部分，有责任遵循社会和组织之间的契约法和道德准则，以确保这些关系的稳固并推动其朝好的方向发展。

第二章　企业人力资源战略规划

第一节　企业人力资源战略规划的内容

一、人力资源战略规划内容框架

企业的战略分析是人力资源战略规划的核心，通过深入研究企业的产业背景、战略实力、远景目标和业务增长目标等方面，明确人力资源管理如何助力战略目标的达成，以及企业所需的人才结构是如何满足这些战略目标的。在明确了人力资源战略的使命和远景目标后，人力资源部门和直线经理需要清晰地界定各自的工作职责和需要发挥的功能，制订人力资源管理战略的执行计划，并构建HRM平台作为实施人力资源管理战略的保障。最终，我们需要对人力资源管理的实际效果进行深入评估，探讨人力资源管理为企业带来的价值贡献程度。基于这些评估结果，我们可以对企业战略和人力资源战略进行相应的调整，以确保企业战略、人力资源战略规划之间形成有益的互动，从而为增强人力资源管理的价值创造潜力。

二、人力资源战略规划的一般内容①

人力资源战略规划的一般内容包括以下几个方面：①理解企业发展战略及策略目标体系，分析业务状况与组织框架，确认人力资源的战略、目标、原则、政策。②人力资源现状盘点，识别人力资源的现状与战略问题，分析人力资源现状与未来战略需求的差异。③进行人力资源的供给与需求预测，发现人力资源的供求缺口。④设计人力资源战略性问题的系统解决方案，调整人力资源管理系统的业务职能，为实现人力资源战略规划的落地进行政策和制度安排，并制订具体措施及行动计划。⑤对人力资源战略规划的实施情况进行适时的评估与控制，以保证人力资源规划按照预定计划实施或及时调整人力资源规划，以适应组织与战略发展的需要。

---

① 孙鹏红，王晖．现代人力资源管理优化研究［M］．长春：吉林人民出版社，2021.

三、人力资源战略规划的具体内容

更明确地说，人力资源战略规划涵盖了三大核心内容：对人力资源的数量进行规划、对人力资源的结构进行规划以及对人力资源的素质进行规划。这三个方面为公司的人力资源管理提供了明确的方向和策略。

（一）人力资源数量规划

人力资源的数量规划是基于企业的战略，考虑未来的业务规模、地理位置、商业策略、业务流程和组织结构等多个因素，以确定企业各层级的人力资源配置和各种职业的人员比例。在此基础上，制订未来的人力资源需求和供应计划。在制订人力资源的需求和供应计划时，必须将其具体细化到企业中不同职业类别的人员需求和供应方面。人力资源数量规划的核心在于明确企业当前的员工数量以及未来所需的员工规模。换句话说，人力资源的数量规划最终需要在企业的组织结构中得以实施。

在企业已经明确了其战略和组织结构的情况下，制定企业编制设计的核心步骤主要涉及以下几个方面。

第一，通过分析近 10 年的企业经营统计数据和企业发展的行业特性，可以判断企业在不同阶段的业务流程和业务特点，并确定组织中哪些职位是关键职位和重点职位。

第二，基于组织的功能领域，我们对组织设计中的核心职位和关键职位进行了详细梳理，并明确了导致这些职位变化的主要驱动因子（也就是预测因子）以及劳动配额。因此，在驱动因素发生变化的情况下，我们可以依据劳动定额来决定职位的具体编制。

第三，在技术条件保持不变的情况下，确保主要流程的关键和重点职位的编制保持不变，而对于辅助岗位的编制则采取灵活的设置。主要的策略包括：确定不同职业类别的占比；对总的人数进行控制；对工资的总量进行管理。通常情况下，为了实现减少辅助人员数量的目标，应当对辅助岗位实施持续提升从业人员工作技巧的策略。

第四，对企业编制进行持续的动态优化。随着辅助人员数量的变动，可能会导致组织结构的相应调整。也就是说，从业人员的素质越高，所需的相关岗位编制就越少。根据组织设计的管理范围要求，组织结构可以被简化。与此同时，企业在考虑干部储备需求时，应根据组织的地理分布情况，适度放宽中高层管理人员的编制要求。

人力资源的数量规划主要是为了解决企业在人力资源配置方面的标准问题，它为企业未来在人力资源配置以及整体人力资源发展方面提供了科学依据和明确方向。然而，在实际执行过程中，企业的人力资源状况与人力资源数量规划所给出的准则之间可能存在明显，甚至是巨大的差异。这是因为无论从理论还是实际情况来看，都存在一定的差距。因此，如何有效地缩小这些差距，将是企业人力资源部门接下来需要解决的关键问题。

（二）人力资源结构规划

人力资源结构规划是根据行业特性、企业规模和未来战略重点发展的业务和业务模式，对企业的人力资源进行分层分类，同时设计和定义企业的职类、职种、职层功能、职责和权限等，从而理顺各职业类别和职层人员在企业发展中的地位、作用和相互关系。人力资源结构规划的核心目标是消除组织内部的障碍（例如部门）对人力资源管理的影响，从而为按照业务系统的要求对相关人员进行人力资源的开发和管理创造条件。此外，这种规划也为创建或更新企业的人力资源管理系统（例如职位资格、素质模型、薪资结构和培训机制等）奠定了基础。

人力资源的数量规划、结构规划和素质规划是同步进行的。这两种规划都是基于结构规划确定的结构来进行的。因此，人力资源的结构规划不仅是关键，也是一个具有挑战性的问题。在咨询实践的过程中，笔者发现了一种与众不同的结构分析方法，其核心思想如下所述。

1. 确定人力资源结构分析的目标

确定人力资源结构分析的目标包括两个方面：首先，确定各种职业在企业价值创造中的贡献系数，这将作为薪资、晋升等人力资源政策的依据；其次，根据不同职务的贡献程度来合理分配人力资源，这是基于贡献系数来进行的。

2. 提出人力资源结构规划的假设

提出一个关于人力资源结构规划的假设：首先，贡献系数描述的是某一职业与其他职业相比，对公司收益的贡献水平。其次，把贡献系数作为评估不同职务员工数量变动的标准——当员工数量下降时，贡献的程度越低，变动的范围就越广泛；随着员工人数的增长，他们的贡献度和变化范围都会相应地增大。

3. 确定价值贡献系数

在对企业的各个职业类别进行价值贡献度评估时，关键在于科学地设定每个职业类别的价值贡献系数。在我们的咨询过程中，我们采用了 AHP 方法来确定各种职业的价值贡献度。

层次分析法（Analytic Hierarchy Process，AHP）是由美国的运筹学专家萨蒂于 20 世纪 70 年代首次提出，它融合了定量和定性的多目标决策分析技术。这种方法的核心思想是将决策者的经验性判断进行量化处理，以便为决策者提供量化的决策依据，特别是在目标结构复杂且缺乏必要数据的情况下，这种方法更加实用。采用 AHP 分析法来确定指标的权重系数，实质上是在构建一个有序递进的指标体系之后，通过对各个指标进行两两比对来对系统内的各项指标进行优劣评价，并基于这些评价结果来全面计算各个指标的权重系数。

4. 给出结构配置模型

通过应用 AHP 分析法来确定各种职业的贡献系数，我们可以基于企业的收益和这些贡献系数来决定裁减或增加各职业的员工数量。

5. 注意事项

（1）各职种价值贡献评价的基础是达成共识，评价指标体系应是企业广泛讨论后较为一致的看法。

（2）基于“价值创造大小决定重要性”的原则，贡献系数也可反映该职种的重要程度。

（3）贡献系数反映职种（整体）价值贡献。

（三）人力资源素质规划

人力资源素质规划，是根据企业的战略目标、业务模式、业务流程以及组织对员工行为的具体要求，设计各种职业类型和职层人员的资格要求，其中包括了素质模型、行为能力和行为标准等多个方面。企业在进行选人、用人、育人和留人活动时，人力资源素质规划被视为基础和先决条件。

1. 人力资源素质规划的内容

在人力资源的素质规划中，我们可以看到两种主要的体现方式：一是任职资格的标准；二是素质的模型。任职资格的标准需要体现出企业战略和组织运营模式对不同职业类别和级别人员的任职能力需求；素质模型应揭示不同职业类别和级别所需的特定行为特质，以满足其职位所需的行为能力标准。

2. 人力资源素质规划的主要步骤

人力资源素质规划的核心步骤包括：对外部环境进行深入分析，对企业内部的人力资源进行全面盘点，然后制订人力资源素质长期规划，并进一步拟定具体的素质提升方案。

更明确地说，以下几个方面是需要特别留意的。

（1）考虑到前两个阶段——外部环境的分析和企业内部的人力资源盘点

由于每一种人力资源规划都与企业的内部和外部环境紧密相连，因此，无论是在数量规划、结构规划还是素质规划中，都必须经过这两个关键步骤，尽管每种规划的分析重点各不相同。

（2）接下来的两个阶段——制订人力资源素质的规划和具体的素质提升计划

随着员工的整体能力和素质的不断提升，企业员工的适岗率也会相应提高，这表明企业员工的职业化水平也在逐步提高。当公司员工的总体素质、工作能力和适职率达到一定水平时，在工作环境保持不变的前提下，公司所需的员工数量可以适当减少，同时组织架构和业务流程也可以进行相应的简化。

四、在实践中总结的人力资源战略规划内容

在咨询实践中总结出人力资源战略规划的主要内容包括以下几个方面。

（一）三项基础分析工作

首先，在解读和分析企业战略时，人力资源战略规划应首先体现企业战略的需求，以满足企业战略的要求。其次，企业人力资源的盘点和战略需求的差异性分析（战略需求的基准）表明，企业在进行人力资源规划时，应该基于企业当前的问题和实际情况，考虑到企业的资源和能力，以问题为核心，以战略为基础，并提出逐步的系统解决策略。最后，关于行业内最优人力资源的实践研究和差异性分析，也就是人力资源管理的标杆研究和设定。

（二）人力资源战略规划的价值取向与依据

人力资源战略规划的价值取向与依据：企业人力资源管理理念、战略目标、策略与政策的研讨、提炼和确定。

（三）组织基础建设规划

组织的基础设施规划：企业家对人力资源的战略认知以及各级管理者在人力资源管理上的责任担当；关于高级人力资源管理的组织架构，例如人力资源管理委员会；确定人力资源部门的战略管理职责以及提高其战略规划的能力（战略性职能）。

（四）人力资源总量与结构规划

人力资源总量与结构规划：人力资本投资发展规划（总的投入量、人力资源成本）；职位系统规划、胜任能力系统规划；人力资源结构规划。

（五）核心人才队伍规划

核心人才队伍规划：职业通道发展规划、核心人才队伍建设规划（比如对管理团队、研发团队或营销团队的规划）；核心人才素质能力提升规划。

（六）战略性人力资源职能活动规划

战略性人力资源职能活动规划：战略性绩效管理（绩效管理成为企业战略落地工具），战略性薪酬管理与激励（吸纳、留住与激励核心人才），战略性人才招募与配置（战略性人才结构优化与配置），战略性人才的培养开发（基于战略的一体化人力资源解决方案）。

五、人力资源规划的具体表现

在实施人力资源战略规划的过程中，人力资源的数量规划、结构规划和素质规划将被转化为具体的人力资源计划，包括接替晋升计划、人员补充计划、素质提升计划和退休解聘计划等。

（一）阶梯晋升计划

晋升规划在本质上是对组织晋升政策的一种呈现，它是基于企业员工的分布和层次结构来制定员工晋升策略的。对于企业而言，有策略地提升能力强的员工以满足职位对其的期望，是组织的核心职责之一。从员工的个人视角出发，有组织的薪酬增长不仅代表着工资的提升，同时也意味着工作的难度、对员工的尊重以及满足他们的自我实现需求。通常，晋升的计划是基于晋升的比例、平均的工作年限以及晋升所需的时间等多个因素来制订的。

（二）人员补充计划

人员补充计划即拟定人员补充政策，目的是使企业能够合理地、有目标地填补组织中、长期内可能产生的职位空缺。① 当劳动力市场的供应超过需求，或者企业的吸纳能力和解雇员工的限制都存在时，制订人员补充计划就变得尤为关键。通过实施人员补充计划，企业内部的人力资源配置可能会出现不合适的情况，但这种调整只有在与其他方案协同工作时，才被认为是最具成本效益和实用性的。补充规划与晋升规划之间存在着紧密的联系，因为晋升同样可以作为一种补充手段，但这种补充主要来源于企业的内部运作。晋升是一种在企业内部从低级职位向高级职位进行补充的过程，这一过程导致了组织内职位空缺的逐级下降，并最终在较低级别的员工需求中累积。在这种情况下，公司的内部资源被转化为外部资源，即员工的招募和录用过程。这也意味着，在招聘低级别的员工时，必须仔细考虑他们在未来几年中可能面临的使用挑战。另外，人员的增补方案与提高素质的计划之间存在着紧密的关联。

（三）素质提升计划

素质提升计划旨在提前为企业的中长期发展所需的职位做好人力资源的准备。以美国 IBM 公司为例，该公司为其推荐的 5000 名具有潜力的员工制定了各自的素质提升方案，并根据可能出现的职位空缺和时间进行分阶段、有针对性的培训。当这些职位出现空缺时，员工已经得到了适当的培训。尽管在没有明确目标和计划的素质提升方案下，员工也会努力自我提升，但成果可能并不尽如人

①彭剑锋．人力资源管理概论［M］．上海：复旦大学出版社，2011.

意，也可能不完全满足组织的发展需求。

（四）退休解聘计划

退休和解雇方案的核心目标是为企业构建一个淘汰和退出的机制。尽管如今许多公司已经摆脱了“铁饭碗”和终身雇用制，但仍然有大量的冗余员工存在。许多员工在加入公司后，通常不会被公司解雇，除非他们主动提出辞职或犯下了严重的错误。导致这一现象出现的关键因素之一是企业仅仅规划了向上的晋升路径，却忽视了向下的退出路径。人力资源战略规划里的退休与解雇方案正是为了填补这一存在的缺陷而精心构建的。

素质提升计划、接替晋升计划、人员补充计划和退休解聘计划是相互补充的，当这四个计划相互配合使用时，它们的效果将会非常显著。另外，根据公司的独特状况或需求，还可以制订其他多种计划，例如薪资和奖金方案、接班人方案等。

第二节　企业人力资源战略规划的程序

一、人力资源战略规划的具体步骤

（一）分析战略背景，盘点人力资源

我们需要确认当前企业的经营策略，并明确这一策略决策对于人力资源战略规划的具体要求，以及人力资源战略规划能够提供的各种支持。

在明确了企业的战略方向后，我们需要对当前的人力资源进行详细的盘点，并深入了解企业人力资源的实际情况，这是制定人力资源战略的关键步骤。为了成功实施企业战略，首要任务是充分利用现有的人力资源，这就要求我们必须运用科学的评估和分析手段。负责人力资源的主管需要对公司内各种类型的人力资源的数量、质量、构成、使用情况以及潜在能力和流动率进行全面统计。这部分的任务需要融合人力资源管理信息系统以及与职务分析相关的资料来完成。在企业还没有建立人力资源管理信息系统的情况下，这一步骤最好与该信息系统的建立同步进行。一个高效的人事管理信息系统应当尽可能地录入员工的个人信息和工作状况，以便于后续的管理分析。

人力资源信息应包括以下几个方面。

（1）关于个人的基本信息，包括但不限于姓名、性别、出生日期、身体和健康状况、婚姻状况、所属民族以及参与的政党等。

（2）录用资料，包括合同的签署日期、应聘者的招募来源、管理经验、外语

的种类与能力、特定的技能，以及对公司具有潜在价值的兴趣或专长。

(3) 教育资料，包括受教育的程度、专业领域、各类培训证书等。

(4) 工资资料，包括工资类别、等级，工资额，上次加薪日期，对下次加薪日期和数量的预测。

(5) 工作执行评价，包括上次评价时间、评价或成绩报告、历次评价的原始资料等。

(6) 工作经历，包括过去在工作单位和部门的经历、学徒或特殊培训的相关资料、晋升或降级的原因、是否受到过处罚的具体原因和种类，以及最后一次内部职位转换的相关信息等。

(7) 服务与离职资料，包括任职时间长度、离职次数及离职原因。

(8) 工作态度，包括生产的效率、产品的质量、是否有缺勤、迟到或早退的记录、是否有建议、建议的数量和被采纳的数量、是否有抱怨、是否经常抱怨以及抱怨的具体内容等因素。

(9) 安全与事故资料，包括因工受伤和非因工受伤、伤害程度、事故次数、类型及原因等。

(10) 工作或职务情况。

(11) 工作环境情况。

(12) 工作或职务的历史资料等。

那些采用计算机进行管理的公司和机构能够非常轻松地保存和使用这些资料。在这个阶段，获取和参照的另一个关键信息是与职务分析相关的信息状况。职位分析清晰地标明了每个职位应具备的职责、责任和权力，以及执行这些职责和权力所需的资格条件，这些条件实际上是对员工素质水平的要求。

(二) 明确人力资源愿景及战略

在明确了企业的战略目标后，依据现有的人力资源盘点数据，构建一个基于企业全局战略的人力资源战略框架。这一框架明确了人力资源的愿景和使命，并明确了企业在当前阶段需要实现的战略、使命和愿景，以及需要依赖何种类型的人力资源战略作为支撑，同时也作为下一步行动计划的出发点。

(三) 构建人力资源管理体制

人力资源战略的成功执行依赖于人力资源管理体制的全面支持。在明确了人力资源战略后，企业应依据这一战略来构建人力资源管理体系，这包括人力资源的管理模式、机制制度以及特定的专项问题。人力资源管理模式将决定如何建立人力资源机制制度，并最终解决机制上的特定专项问题。

(四) 制定人力资源核心策略

根据人力资源战略与管理体制，确定人力资源战略的核心策略。

（五）规划人力资源数量、结构与质量

依据人力资源的核心战略，我们对人才资源的数量、质量和结构进行了全面规划。规划主要集中在人力资源的需求与供应两个关键领域。

在进行人力资源需求预测时，主要依据企业的长期战略规划以及企业内部和外部环境来选择合适的预测技术，并进一步对人力资源需求的构成、数量和质量进行全面预测。

在预估人员需求的过程中，必须深入考虑各种因素如何影响人员需求的数量、品质和构成。

（1）市场的需求、产品或服务的质量提升或决策进入新的市场。

（2）关于产品与服务的具体需求。

（3）关于人力资源的稳定性，例如计划中的人员更迭（如辞职或被解雇的后果）和人员的流失（如换工作）。

（4）与公司需求变动有关的培训与教育活动。

（5）技术和组织管理的创新是为了提升生产效率。

（6）关于工作的时段。

（7）对活动变动进行预测。

（8）各个部门可以使用的财务预算。

在进行预测的过程当中，预测者以及他们的管理和判断能力与预测结果的准确性有着密切的关联。通常情况下，商业要素是决定员工需求种类和数量的关键因素。为了进行初步预测，预测者会将这些要素分开，并收集相关的历史数据。从逻辑角度看，人力资源的需求与产量、销售量、税务等因素有关，但对于不同的公司或机构，这些因素带来的影响各不相同。

人力资源的供应预测涵盖了两个主要方面：一是基于现有的人力资源和其未来的变化趋势，预估未来可能提供的人员规模和质量；二是预测外部的人力资源供应，以确定未来可能出现的各种人员供应情况。

外部的人力资源供应主要受到地域和全国两大因素的制约。

第一，地域性因素主要涵盖了公司所处的地理位置以及周边地区的人口密集程度；其他企业在劳动力需求方面的现状；该公司在当地的就业状况和就业理念；该公司在当地的科技、文化和教育水平；公司所处的地理位置对大众具有很大的吸引力；公司自身对于大众具有很强的吸引力；关于公司在当地的临时员工供应情况；关于公司所在地的居住、交通和居住环境。

第二，全国范围内的因素主要涵盖了全国劳动力数量的上升趋势；全国范围内对不同类型人员的需求水平；不同类型学校的毕业生的数量和构成；教育体制的改革带来的一系列影响，包括学制的延长和教学内容的革新，这些都对职工的供应产生了影响；国家的就业法律和政策所带来的影响。

（六）制订重点工程与行动计划

遵循上述步骤后，企业对于企业的总体策略、人力资源策略和组织结构有了清晰的了解和规划。因此，基于这些洞察和规划，企业应制定明确的行动方案，确保人力资源规划的实际执行，并为特定问题制定关键的解决策略。

为了确保人力资源规划能够真正实施并不偏离其最初的目的，实施人力资源规划时必须有适当的保障措施。保障计划的核心目标是对人力资源规划的执行过程进行持续监督。进行监控的核心目标是给总体和具体规划的修改或调整提供准确的数据，并突出监控的关键作用。在进行预测时，由于存在许多不可预测的因素，经常会出现出乎意料的变动或问题。如果不对这些规划进行持续的监督和调整，那么人力资源的规划可能会变得毫无价值，失去其实际的指导作用。因此，实施监控成了一个至关重要的步骤。除此之外，监控机制还具有增强执行控制能力的功能。

二、人力资源战略规划的执行

（一）人力资源战略规划的执行者

在传统观念中，人事部门主要承担与人力资源相关的任务，包括但不限于招聘、培训、员工成长以及薪资和福利的规划。但随着现代企业对人力资源部门工作要求和期望的提高，人力资源部门的角色逐渐发生了变化，不再仅是行政管理的职能部门，而是逐渐转变为企业管理的战略合作伙伴关系。同样地，现代人力资源管理的职责不仅局限于人力资源部门，也涵盖了各级管理人员的责任，包括人力资源战略规划在内。企业的人力资源战略规划是建立在接替晋升计划、人员补充计划、素质提升计划、退休解聘计划等基础上的。这些计划是在各部门负责人制订本部门的人员调配补充、素质提升、退休解聘等计划的基础上，逐级汇总到人力资源部门，然后由人力资源管理者根据人力资源战略分析制订的，而不是人力资源管理者凭空创造的。

人力资源战略规划应由健全的专职部门来推动，可考虑以下几种方式。

（1）由人力资源部门负责办理，其他部门与其配合。

（2）由某个具有部分人事职能的部门与人力资源部门协同负责。

（3）由各部门选出代表组成跨职能团队负责。

在推行过程中，各部门必须通力合作而不是仅靠负责规划的部门推动，人力资源战略规划同样也是各级管理者的责任。

（二）人力资源战略规划的执行

人力资源战略规划的执行主要涉及三个层次：企业层次、跨部门层次及部门层次。

1. 企业层次

在企业层次上进行人力资源战略规划时，“一把手”的直接参与是至关重要的。特别是企业的经营战略对人力资源战略规划产生的影响，以及人力资源战略规划对人力资源管理各系统的影响、指导原则和政策，都必须由企业的高级管理层来做出决策。

2. 跨部门层次

跨部门层次上的人力资源战略规划需要企业副总裁级别的管理者执行，即对各个部门人力资源战略规划的执行情况进行协调和监督，并对人力资源战略规划的实施效果进行评估。

3. 部门层次

部门层次上的人力资源战略规划又分为以下两种情况。

（1）人力资源部门

人力资源部不仅需要完成其内部的人力资源战略规划，还需肩负起“工程师+销售代表”的双重职责。人力资源部门的工作人员不仅需要成为人力资源战略规划的权威和制订者，还需要充当该战略规划的“销售代表”和指导者，以确保其他部门在人力资源战略规划方面的工作能够顺利进行。

当前，某些企业正在将人力资源部门的经理职位调整为人力资源客户经理，并要求人力资源经理持续地提供以客户为中心的人力资源产品和服务。在制订人力资源战略规划的过程中，人力资源客户经理将为各个部门提供全面的人力资源战略解决方案，并为各种类型的人才，特别是核心人才提供个性化的服务，例如制订专门的继任者管理计划等。

（2）其他部门

人力资源的战略规划应被视为每个部门经理职责的一个重要环节。然而，在公司内部，很多部门的经理职位是由专业人员晋升而来的，其在人力资源管理方面缺乏经验，更别提进行人力资源的战略规划了。对于新晋升的经理，人力资源部应当进行专业培训，并将人力资源的战略规划纳入经理绩效评估的核心内容，尤其是在培训和评价下属表现方面。部门经理应当主动与人力资源部门进行沟通，以共同达成人力资源战略规划的目标，而不是仅在需要招聘或解雇员工的情况下才考虑人力资源部门。

（三）人力资源战略规划的执行原则

1. 战略导向原则

根据战略目标来制订人力资源的战略规划和详细的人力资源计划，以防止人力资源战略规划与企业战略之间的不一致。

2. 螺旋式上升原则

人力资源的战略规划不是一劳永逸的解决方案。每年，企业都需要制订新的人力资源战略规划，这意味着各种人员计划都会随着内部和外部环境的变化、战略的转变而改变，但这些计划是基于过去的基础制订的，并且会逐年变得更加准确和有效。

3. 制度化原则

人力资源战略规划可以划分为两个层面：首先是技术方面，也就是我们前文提到的各种定性和定量的人力资源战略规划方法。其次是制度方面，一方面是将人力资源的战略规划制度化；另一方面是涉及制订和调整人力资源管理战略规划的方向和原则，目的是从制度机制的视角来梳理人力资源各系统之间的相互关系，以确保人力资源管理能够顺利地进行。

4. 人才梯队的原则

在人力资源战略规划实施的过程中建立人才梯队，从而保障工作人员的层层供给。

5. 关键人才优先规划原则

在企业中，对于核心或骨干员工，首先需要进行全面的规划，包括为他们设计晋升、加薪和替补等多种途径，以确保他们能够得到充分的资源供应。

人力资源战略规划是基于完整的人力资源管理系统平台构建的。如果其他的人力资源管理系统已经逐渐完善，但这些系统仍然落后于其他管理体系，那么人力资源战略规划可能会变成企业管理中的薄弱环节。因此，在人力资源战略规划中，我们必须将其从技术维度提升至制度维度，从静态的管理模式转向更为动态的管理方式，从落后于其他体系的状态转变为具有前瞻性的管理体系，只有这样，人力资源战略规划才能真正站在整个人力资源管理体系的前沿。

三、人力资源战略规划的辅助工具——人力资源管理信息系统

优秀的信息管理系统不但有利于企业更好地制订和执行人力资源规划，还有利于整个人力资源管理系统的顺利实施。

（一）人力资源管理信息系统概述

信息技术仅仅是一种工具和手段，只有当它与管理技术达到完美融合时，才能真正体现其强大的潜能。最初，企业主要使用的是信息处理工具，例如人力资源信息系统（Human Resource Information System，HRIS）。这个系统是从组织的目标出发，对与员工和职务相关的信息进行收集、储存、分析和报告的一个完整的工作流程。例如，需要记录员工的代码、他们的知识和技能、工作经历、培训

历程、个性特点以及绩效评估的结果等。然而，当众多的信息如潮水般涌向管理层时，即使是最出色的管理者也难免会感到手足无措、束手无策。人力资源管理系统（Human Resource Management System，HRMS）是一个新兴的系统。HRMS的核心思想是将诸如“以客户为中心”“全方位的人力资源管理”“战略性的人力资源管理”“盈利中心”和“战略合作伙伴”等人力资源管理的新理念，整合到信息技术中，以确保信息技术真正地成为管理者的得力助手。

人力资源管理系统旨在协助人力资源部门集中管理和共享数据，优化其业务流程和人力资源操作流程。该系统为人力资源部门提供了强大的支持，以进一步提升其日常工作效率和整体业务水平，从而成为一个信息化、职业化和个性化的人力资源管理平台。此外，通过在人力资源管理系统中高效地运用统计分析和决策支持等多种工具，企业的中长期人力资源战略规划将逐渐受到积极推动。

随着互联网技术逐渐走向成熟，人力资源管理系统已经不再局限于传统的、封闭的模式，而是扩展到企业的各个方面。这使得企业的各级管理人员和普通员工都有机会参与人力资源管理，并与企业的外部环境建立各种联系，其中，网络招聘是最典型的一种。这就是EHR，也就是人力资源管理信息化的全面解决方案，这主要是由人力资源部的HRMS人力资源管理系统负责的；网络自助服务系统（self-service）由两大部分组成，分别是面向企业的不同角色（高层管理者、直线员工、普通员工、人力资源管理者），这是HRMS技术（基于互联网技术）和理念（建立在全面人力资源管理，强调全员共同参与）的扩展。

现阶段，尽管许多企业已经安装了计算机，但仍有部分企业还停留在手工档案管理的初级阶段。大量的纸质文件未能及时输入电脑，人事档案也没有得到充分利用。在这种情况下，企业在选择HRIS、HRMS或EHR时，应根据自身的需求和承受能力来作出决策，而不是盲目地认为技术越先进越好，而忽视了企业的实际状况。

（二）人力资源管理信息系统对人力资源战略规划的作用

人力资源管理信息系统可以从以下两个方面为人力资源战略规划提供支持。

1. 提高人力资源部门的工作效率

在人力资源战略规划中，工作可以被划分为两大类：一类是定性工作，涉及管理制度的建立、薪资水平的设定、绩效考核标准的设定以及人力资源分析报告的编制等。这些任务必须根据企业的战略和文化背景来进行，并需要进行深入的主观思考和评估才能顺利完成。另一类是定量工作，它是基于已有的制度和流程来处理客观事务，例如统计员工的数量、年龄和学历等。这种工作通常是事务性的，但也是需要经常处理的重复性工作，通常会占据人力资源管理工作的大部分时间，从而降低了人力资源部门的整体工作效率。

2. 为人力资源战略规划提供数据和信息

通常，人力资源管理信息系统可以提供如下信息。

（1）企业的战略方向、经营目标和常规的经营计划信息，可以帮助确定人力资源战略规划的各种类型和框架。

（2）企业外部的人力资源供求信息以及这些信息的影响因素。例如，在外部的劳动力市场中，不同类型的人员的供需情况、未来的发展方向以及国家的劳动政策和法规的调整，都会对人力资源的战略规划造成一定的影响。

（3）企业现有人力资源的信息，例如，员工数量、年龄、学历、绩效考核结果、薪酬水平等。

人力资源战略规划主要依赖于人力资源信息的即时更新和反馈机制，如果缺乏足够的信息和数据支撑，那么人力资源战略规划将变得如同无本之木和无源之水。

（三）人力资源管理信息系统成功实施的要素

1. 切实摆正企业和信息集成商之间的关系

在企业进行信息化建设的过程中，与信息集成商建立正确的关系是至关重要的。企业的信息化建设不可能完全由信息集成商来完成，企业自身是信息化建设的“主角”，而信息集成商仅仅是“配角”。因此，信息集成商应该被视为咨询、顾问和具体实施的重要角色。只有正确地调整双方的关系，我们才能更有效地合作，汇聚双方的长处，并实践“专业人做专业事”的理念。

2. 切实摆正技术先进和技术实用性问题

在企业信息化建设的选择过程中，技术的前沿性和实用性始终是一个棘手的问题，仅仅追求技术的先进性和实用性是远远不够的。企业在选择软件时，应当根据自身的具体情况，既要追求技术的前沿性，同时也要注重其实际应用价值。选择软件时，应从企业整体信息整合的视角出发，并确保系统的整合与开放性。

3. 切实摆正技术、软件、实施、培训和服务的关系

企业的信息化建设被视为一个综合性的项目，企业需要确立以技术为引领、软件为跟进的策略，并在实施、培训和服务上给予同等的重视；同时，企业必须认识到，在信息化建设的过程中，服务的提供需要企业的资金投入；此外，从成功执行的实例来看，每一个企业在选择型号时，都更加重视其最终的执行成果。

4. 切实领会“一把手工程”

一个企业的领导团队不只是由企业的最高领导直接参与和领导，它还应该涵盖整个决策层的决策过程。这样的领导团队是由企业的高级领导所组成，可以被视为企业的“最高领导”。

5. 能与企业其他管理系统良好整合，实现数据分享

如果人力资源管理信息系统是孤立运行的，那么它无法实现最大的效益。因

此，必须将人力资源管理信息系统与企业的项目管理、财务管理系统进行整合，这样才能实现独立信息系统无法实现的功能。

6. 切实领会信息系统的“三分技术、七分管理、十二分数据”

在构建人力资源管理系统的过程中，企业必须认识到数据的重要性，如果没有准确的数据收集和输入，即使是最先进的技术也无法解决这个问题。

7. 整个实施过程要分阶段进行，确实领会“整体规划、分步实施、效益驱动”

整体规划可以被视为系统的“全局规划”，它是实现整个系统的“技术路径”，而总体规划通常不需要负责具体的项目设计，它是整个系统研发过程中不可或缺的技术大纲。在具体的执行阶段，我们需要从基础技术开始，迅速扩展到更广泛和更深入的层面。基于实际应用，我们可以激发更广范围和更深层次的需求。通过效益驱动策略，企业可以增强对信息化建设的信心，从而减少因一次性投资过多而产生的不必要风险。分阶段实施可以确保与信息技术的发展保持同步。

四、人力资源战略规划的系统推进

人力资源战略规划需要与人力资源管理的其他各个方面，例如招聘流程、绩效评估、薪资结构和员工培训等，进行有效的协同和互动。只有当人力资源战略规划的成果在这些体系中得到实际执行，才能充分体现其战略价值。以下是人力资源战略规划与其他人力资源管理体系之间的联系描述。

（一）与招聘录用的关联性

执行人力资源战略规划时，不可避免地会涉及员工招聘和录用的相关问题。在当前企业的运营模式下，一般是在招聘部门觉得人力资源不足的情况下，才会进行上级汇报，并最终将这些信息整合到人力资源部门以进行招聘活动。由于各部门间的相互不熟悉和沟通障碍，经常出现人员重复的情况，而在亟须招聘时降低招聘标准的实例也并不罕见。人力资源部对各部门招聘需求的被动态度和招聘活动对企业招聘需求的滞后，导致了企业在员工队伍建设和培养方面的短视和应急响应。由于劳动力市场的不稳定，企业难以利用这一机会，因此其可持续发展也难以得到保证。因此，企业的人员招聘录用工作必须在人力资源战略规划的指导下，制订有目标、导向性与预见性的人员补充计划——根据战略的要求及劳动力市场的涨落适时吸纳、储备人才，降低用人成本及招募成本，形成合理的人才梯队。①

（二）与绩效评估的关联性

传统的绩效评价方法首先设定了员工期望达到的绩效目标，随后对员工是否

①彭剑锋．人力资源管理概论［M］．3 版．上海：复旦大学出版社，2021.

根据这些目标和计划采取行动进行评估。一个全面的绩效评估系统应当为企业与员工之间的均衡发展提供关键信息，它不仅要评估员工是否达到了既定的绩效目标，还要看他们是否助力企业达成了既定的绩效愿景。从另一个角度来看，需要评估员工在执行工作职责时，他们的个人能力是否有所增强，是否有能力上的不足以及如何进行补偿等问题。因此，我们应该将绩效评估的成果融入人力资源的战略规划中，通过评估员工的绩效水平来揭示他们的能力和未来发展空间，帮助员工明确自己的职业前景和方向，从而提高组织在人员配置和规划方面的适应性和准确性。

（三）与薪酬管理的关联性

在人力资源战略规划中，规划企业的人工成本支出总量，也就是薪资总额，是其中一个重要的组成部分。此外，公司在支付工资的原则和策略上，必须反映其战略目标，鼓励员工取得更好的业绩和增强自己的能力，同时确保为核心团队提供更多的薪酬和机会。综合来看，支付薪酬时，不仅要充分考虑劳动力市场的竞争环境和企业的支付能力，还需确保其符合企业的战略目标，并与企业的其他人力资源部门进行有效协同。所有这些目标都是通过人力资源战略规划里的薪资和奖金方案来达成的。

（四）与培训的关联性

在人力资源战略规划中，对员工的能力需求与当前状况之间的差异进行了深入分析。除了招募新的员工外，对现有员工进行专业培训以提高他们的能力并掌握新技能，是缩小这种差异的关键手段。人力资源的战略规划为员工的培训和发展提供了明确的目标和方向，以确保组织的需求与员工的个人需求能够紧密结合，从而增强培训的针对性和实效性。

因此，人力资源战略规划被视为人力资源管理系统的核心领导，它不仅负责指导其他人力资源管理体系的操作，还确保整个人力资源系统的和谐运作，从而提升了人力资源的整体质量和效率，助力企业达成其战略愿景。

第三节　企业人力资源战略规划的方法

在规划人力资源战略时，我们首先需要对人力资源的需求和供应进行预测和分析，然后采用特定的策略来确保人力资源的供需平衡。

一、人力资源需求预测

预测人力资源的需求是基于公司未来发展的需要，对公司未来一段时期所需的员工数量和素质进行预测，从而制定人员增补策略和执行教育培训计划。

预测人力资源的需求是制订公司人力资源战略规划的关键和基础。公司的成长规划和每年的预算都是预测的关键参考。在对人力资源需求进行预测的过程中，我们需要从一个动态的角度出发，同时也要考虑预测周期内劳动生产率的提升、工作模式的优化以及机械化和自动化水平的提高等。

人力资源需求预测的方法包括定性预测法和定量预测法两大类。

（一）定性预测法

1. 现状规划法

人力资源现状规划法被认为是最基础的预测手段之一。它基于一个假设，即当企业维持其现有的生产规模和技术水平时，其人力资源也应保持在一个相对稳定的状态。也就是说，企业现有的人员配置比例和总人力资源数量将能够完全满足预测规划期内对人力资源的需求。在这种预测技术中，人力资源规划专家的主要任务是预测在规划期间哪些员工或职位可能会被提拔、降职、退休或被调走，然后做好相应的调整和补偿准备。这一方法特别适合短期内的人力资源规划和预测。

2. 经验预测法

经验预测法，也被称为分合性预测法，是一种企业根据过去的经验来预测人力资源的方法。企业经常采用此种策略来估算本组织在未来一段时期对于人力资源的需求情况。这是一种被广泛应用的预测技术，因为在企业内部，最能准确了解各个部门人力资源需求的通常是各部门的高级管理人员。经验预测法是一种根据管理层经验和公司发展需求来预测员工需求的先分后合的方法。首先，直线部门的经理会根据各部门的生产任务、技术设备等的变化情况，预测本部门未来一段时间的人员需求情况。其次，由企业的专门人力资源规划人员汇总，进行综合平衡，从而预测整个企业在未来一段时间对各种人员的需求总量，并提交给公司经理审批。这一策略能够更好地利用下级管理人员在人力资源规划方面的能力，但人事部门或专门负责人力资源规划的人员必须为他们提供适当的指导和建议。这一预测方法特别适用于短期和中期的规划工作，操作简便，并在实际操作中得到了广泛应用。然而，该方法的预测效果受到经验以及各级管理人员在经验和知识方面的局限性的较大影响。因此，保存公司的历史纪录，并结合多人的集体经验，有助于降低误差。这一预测方法特别适合技术相对稳定的企业在中短期内进行人力资源的预测和规划，但在长期内很难作出精确的预测。

3. 德尔菲法

德尔菲法是19世纪40年代兰德公司采用的一种简洁且广泛应用的主观预测方法。这种方法是由经验丰富的专家或管理层对特定问题进行直观的分析和预测，预测的准确性依赖于预测者的经验和判断能力，也被称为“专家咨询法”或“集体预测法”，所选择的专家包括企业外部和内部对研究问题有发言权的所有人员。

德尔菲法的独特之处在于：①吸引了众多专家参与预测过程，并最大化地利用了他们的经验与知识；②通过匿名或背对背的策略，确保每位专家都能独立且自由地作出他们的评估；③经过多次的预测迭代，专家们逐步趋于一致。

德尔菲法由于其独特的特性，已被认为是一种非常高效的预测判断方法。德尔菲法的操作流程可以简洁地总结为四个主要步骤：其一，进行预测的前期准备。预测的前期准备工作涵盖了确定预测主题、建立一个专门负责预测组织任务的临时机构，以及挑选几名对预测主题有深入了解的专家等多个方面。其二，这是由行业内的专家进行的预测工作。组织者将包含预测信息的预测表和相关背景资料提交给各位专家，这些专家将以匿名的方式独立地对问题进行评估或预测。其三，对数据进行统计并给出反馈。在汇总了各位专家的观点之后，组织者对这些建议进行了详细的统计和分析，并将其整合为一个新的预测表。之后，这些预测表会分别提交给各位专家，由他们对新的预测表进行第二轮的评估或预测。经过多次（通常在 3~4 轮之间）的反复讨论，专家们逐渐达成共识。其四，取得了预期的成果。组织者将几轮专家的预测结果以文字或图形的方式展示出来。

德尔菲法的一个显著优势是它能够汇聚各方的智慧，同时能够规避集体的压力和某些特定个体的独特影响，对于影响人力资源需求的各种因素，它提供了一个相对全面和综合的思考方式；其不足之处在于所需的时间和费用都相对较高。因此，这种预测方法更适合长时间的、趋势性的预测，而不是短期的、日常的或相对精确的人力资源需求预测。

（二）定量预测法

1. 趋势分析法

趋势分析法是一种基于人力资源历史和现有数据随时间变化趋势具有连续性的理论，利用数学工具对这一序列进行延伸，即从过去延伸到未来，以实现对人力资源未来发展趋势的预测。此方法的核心思想是以企业的人力资源需求为横轴，以时间为纵轴，在坐标轴上直观地绘制出人力资源的需求曲线，并据此预测企业在未来某个特定时间点的人力资源需求。趋势分析方法可以被划分为两大类：直接延伸法和滑动平均法。其中，当企业的人力资源需求在时间轴上呈现出明显的均衡增长趋势时，直线延伸法被采用，它可以从需求线中推导出某一特定位置的企业人力资源需求；滑动平均法是一种在企业对人力资源需求的时间序列表现出不规则性和不明确的发展方向时，运用滑动平均数来进行均衡调整的趋势分析方法。

2. 比率分析法

比率分析法是一种通过分析特定关键因素与所需人力资源数量之间的比例关系，以确定未来人力资源需求的评估手段。这种策略主要是基于以往的实践经验，将公司未来的业务活跃度转变为对人力资源的需求。

基于选取的关键变量的差异，比率分析法可以被划分为两大类别：生产率比率分析法和人员结构比率分析法。在生产率比率分析法中，企业的业务量，例如销售额和产品数量，是关键变量。通过分析业务量与所需员工数量的比例关系，我们就可以直接估算出所需的员工数量。在人员结构比率分析法中，关键的考量因素是关键职位所需的员工数量。通过比较关键职位与其他职位的人数比例，我们能够间接地估算出所需的员工总数。

比率分析法是基于一个假设，即关键因素与需求人员之间的比例是恒定的，但这种方法只能在相对较短的时间内完成。因此，这种预测方式更适合用于短期预测，尽管它可以勉强应月于中期预测，但在长期预测中可能会失去其效用。

3. 工作负荷法

工作负荷法是一种基于历史数据的方法，首先计算出在特定工作单位时间内（例如每天）每个人的工作负荷（例如产量），然后根据未来的生产量目标（或劳务目标）计算出完成的总工作量，最后根据前一个标准计算出所需的人力资源数量。

4. 回归分析法

回归分析法是一种数学分析手段，它通过构建人力资源需求与其影响因素之间的函数关系模型，从影响因素的变化来推断人力资源需求量的变化，通常采用线性回归模型进行分析，简而言之，这种线性回归模型有一元线性回归和多元线性回归两种。

一元线性回归模型通常只在某一特定因素与人力资源的需求量存在高度相关性的情况下才会被应用。举例来说，如果我们假定人力资源的需求量会随着某一变量（例如产量）的波动而发生变化，并且这两个变量之间存在线性关联，那么我们就可以使用最基础的一元线性回归方法来预估人力资源的实际需求。

在日常工作实践中，企业的人力资源需求通常是由多个因素共同决定的，因此，我们需要采用多元线性回归模型。这种模型在原理和方法上与一元线性回归模型相似，但它增加了一些解释性的变量。在多元线性回归模型中，系数的计算公式是非常复杂的，但是，目前的一些计量经济学软件和统计软件能够自动计算这些系数的估计值。同理，基于未来解释性变量的预测值，我们能够预估未来的员工总数。

5. 计算机模拟法

众多的公司已经开始在实际操作中采用计算机技术来构建员工需求预测系

统。在这样的背景下，人力资源专家与直线管理团队将所需信息整合在一起，构建了一个用于预测人员需求的计算机化系统。在构建用于预测人员需求的计算机系统时，我们需要一些代表性的数据，这些数据涵盖了评估生产单位产品所需的劳动和工时，以及当前产品系列的三种不同销售额计划——最低销售额、最高销售额和潜在销售额。基于这些数据，我们不仅能够预测“满足生产需求的平均人员需求水平”的数值，还可以分别预测对直接生产人员（如流水线上的生产工人）、间接生产人员（如文秘人员）和特殊人员（如行政管理人员）的需求数字。利用这个系统，我们能够迅速地把生产率和销售水平的计划转换为对员工需求的预估，同时也能预估不同的生产率和销售水平如何影响员工的需求。

需要强调的是，无论使用哪种数学方法来预测人力资源需求，都必须基于一个基本假设，那就是人力资源需求与某些关键影响因子之间的函数关系是恒定的，但在实际操作中，很难找到一个稳定的数学模型。因此，在使用定量分析手段预测人力资源需求时，我们必须确保与定性分析方法的融合。举例来说，如果某所进行人力资源需求预测的学校在某一年度选择了在线远程教育模式，或者设立了一个“实验班”，那么基于师生比例来预估教师的实际需求就会显得不太精确。在众多场合中，预测人力资源的需求往往是基于经验来进行的，即便采用了非常精确的数学模型，也需要依据经验判断来对预测结果进行适当的修正。

二、人力资源供给预测

人力资源供给预测，也被称为人力资源的数量预测，主要是为了预测在未来某个时间段内，组织内部能够提供的或经过培训后可能得到补充的，来自外部劳动力市场的特定数量、质量和结构的员工，以满足公司为达到其发展目标所需的人力资源。

人力资源需求分析专注于研究组织内部对于人力资源的具体需求，而供给分析则涵盖了组织内部供给和组织外部供给这两个关键领域。通常情况下，在进行供给分析时，首先要对组织内的人力资源供给进行评估，如果内部市场的供给不足，那么就需要对外部的劳动力市场进行深入分析。

（一）人力资源内部供给预测方法

企业常用的人力资源内部供给预测的方法有三种，即技能清单法、管理人员替代法和马尔科夫转换矩阵法。

1. 技能清单法

技能清单实际上是一份员工名单，它详细罗列了员工在不同职业领域的能力特点，这包括他们所受的培训、过去的经验、所获得的证书、所通过的考核、监督和判断的能力，甚至还涵盖了对他们能力或耐心的评估。这是一幅展示员工职业技能和市场竞争力的图解。人力资源规划专家能够依据技能清单上的信息，预测哪些员工有能力填补可能出现的职位空缺，以确保每一个职位都配备了合适的工作人员。

技能清单一般涵盖了三个主要方面的信息：员工以往的资料、员工目前的状况以及员工未来可能的发展方向。技能清单中的不同内容可能存在显著的不同，它们可能仅仅是一个简洁的文件，或者是一个庞大的资料库。鉴于员工在工作中的兴趣、成长目标和绩效表现等多个方面都在不断地演变，技能清单在制定完毕后应当迅速地进行更新。

2. 管理人员替代法

这种方式是向组织管理人员提供内部支持的最直接手段，也被称作管理人员的接续方案。在企业中，大量的管理层人员是从公司内部员工中选拔出来的。因此，企业必须明确在关键管理岗位上可能会有哪些新的继任者，以及这些继任者的能力和未来的发展前景。为了表达得更为明确，上述的接续计划可以在组织结构图上清晰地展示，也就是我们经常使用的管理量表图——企业的人员接替图和人员接替表。

制订这一计划的过程有如下几个步骤。

（1）明确计划的适用范围，也就是确定哪些管理职位需要制订后续的计划。

（2）在选择每一个管理职位的继任者时，我们必须充分考虑所有潜在的继任者。

（3）在对接替人选进行评估时，主要目的是确定他们当前的工作表现是否满足晋升标准。根据评估结果，可以将这些人选分为几个不同的级别，如即刻接替、需要进一步的培训以及存在更多问题等。

（4）明确职业成长的需求，并将个人的职业愿景与组织的发展目标相融合。这意味着，根据评估结果，需要为继任者提供必要的培训，以便他们能更迅速地适应未来可能的工作任务。但这种培训安排应尽量与继任者的个人目标相一致，以获得他们的认可。

3. 马尔科夫转换矩阵法

马尔科夫转换矩阵法利用统计学的理念来预测组织内的人力资源供应情况。马尔科夫转换矩阵法的核心理念是识别过去的人员流动模式，并据此预测未来的人员流动方向，它基于一个基本前提，即过去的内部人员流动模式和可能性与未来的趋势大体一致。

当我们采用这种方式来预测员工供应时，首要任务是构建一个人员变动的矩阵表，这主要描述了一个人在特定时间段内从一个职位转移到另一个职位（或选择离职）的可能性。通常，概率的估计是基于5~10年的时间周期。随着周期的延长，基于过去的人员变动来预测未来的人员变动将变得更为精确。马尔科夫转换矩阵法为我们提供了一个清晰的工具，用于分析企业中员工的流动情况，例如晋升、岗位调换和离职等情况。

马尔科夫转换矩阵法不仅适用于处理组织内简单员工类别的人力资源供应预测问题，还能应用于员工类别复杂的大型组织的内部人力资源供应预测。然而，该方法的准确性和实用性仍需进一步的科学研究。

（二）人力资源外部供给预测方法

对于所有的公司来说，招募和雇用新的员工都是至关重要的，不论是因为生产规模的增长还是因为劳动力的自然裁减，公司都需要从劳动力市场中获取所需的工作人员。因此，预测外部的劳动力市场将对公司的人力资源策略制定产生直接的影响。预测外部劳动力供应的常用方法包括市场调查法和相关因素预测法。

1. 市场调查法

市场调查法是一种由企业的人力资源管理人员运用市场调查手段，并在获取第一手劳动力市场信息资料的基础上，通过深入地分析和计算，来预测劳动力市场未来发展趋势和规律的方法。该研究不只是对企业所处地区的人力资源供应情况进行调查，还要进一步研究同一行业或同一地区的企业对于人力资源的具体需求。

由于市场调查法所依赖的数据具有一定程度的客观性，这在一定程度上减少了主观判断的需求，因此，有观点认为，市场调查法实际上是一种客观的市场预测方法。市场调查法的种类很多，主要有以下几种。

第一，文献研究法。公司有多种方式来收集所需信息。例如，人们可以通过网络、各种经济资讯简报、各国和地区的统计数据、市场动态和产品目录会议等途径，来掌握市场的基本情况。

第二，直接调查法。企业会基于其关心的人力资源情况，向被调查者提出问题或要求他们完成问询表以获得答复。例如，通过对求职者和在职员工的深入调查和分析，我们可以预测未来的人力资源供应情况。

第三，通过企业本身积累的资料进行调查。众多的公司已经积累了大量关于其内部和外部人力资源供应的统计数据，这些数据不仅相当准确，而且查找起来也相当便捷。

第四，经验法。企业依靠有经验的市场调查或市场研究人员，对市场进行直接观察，从而判断市场状况。

第五，会议调查法。通过各种各样的会议收集市场信息，也是一种行之有效的市场调查方法。

2. 相关因素预测法

相关因素预测法旨在通过深入的调查和分析，识别出影响劳动力市场供应的多种因素，并研究这些因素如何影响劳动力市场的发展趋势和方向，进而预测劳动力市场未来的发展模式和方向。有许多因素会影响到外部的劳动力供应，我们通常需要对其中的关键因素进行深入分析，这些因素涵盖了行业的现状、整个行业的劳动生产率等。这种计算方式与人力资源需求预测的回归技术是一致的。

三、人力资源供求关系的平衡

人力资源规划的核心目标是确保人力资源的供应和需求能够达到均衡。如果出现供需不平衡的情况，那么就有必要制订和实施相应的政策和措施，以实现组织未来的人力资源供需平衡。在预测人力资源的供应和需求之后，通常会出现三种供需失衡的情况：人力资源的供给大于需求、人力资源的供给小于需求以及人力资源供需总量和结构的不平衡。通常情况下，组织内的人力资源往往是不平衡的，而在实际操作中，供需达到完全平衡的状态是相当罕见的。组织在进行人力资源规划时，需要根据供需预测产生的各种不同结果来制订相应的策略和措施。

（一）人力资源供给大于需求

人力资源供给大于需求，就会导致组织内部人浮于事、内耗严重、生产或工作效率低。当人力资源供给大于需求时，就应该采取如下措施加以解决。

第一，开拓新业务。通过开拓新的业务增长点来吸收过剩的人力资源，例如扩大经营规模、开发新产品等。

第二，再培训。通过培训引导富余人员走向新的工作岗位。

第三，减少工作时间。减少工作时间可降低工资水平，这是解决企业临时性人力资源过剩的一种方式。

第四，裁员。为了解决人力资源的过剩问题，裁员被视为组织的最直观策略。虽然裁员能够显著减少组织的劳动力成本，但同时也可能产生一些不利影响。因此，人力资源管理部门需要在各个方面加强思想教育和引导。裁员意味着首先削减那些在主观上已经有“离职”意向但绩效不佳的员工。为那些“背包袱走路者”提供丰厚的离职金可以减轻裁员给在职员工带来的负面影响，同时也能降低对企业形象的损害。

第五，提前退休。制定一些优惠措施鼓励员工提前退休。在合法的前提下，通过放宽退休资格条件（年龄等）促使更多的员工提前退出工作场所，在退休条件吸引力较强时可取得明显的减员效果，但对于企业的后续经营则增加了成本。

第六，合并或关闭一些臃肿的机构，减少人力资源供给，并提高人力资源的利用效率。

（二）人力资源供给小于需求

人力资源的供应不足和员工短缺，导致企业的设备处于闲置状态，固定资产的使用效率也相对较低，这实际上是一种资源浪费。当人力资源的供应量低于实际需求时，通常可以实施以下策略和手段来应对。

第一，内部调整。将公司内部相对多余的员工分配到人手不足的职位上。当企业面临职位空缺时，应首先关注内部员工的需求，这样不仅可以降低成本，还能为员工创造更多的发展机会。对于技能变动不大的职位，调整不会导致生产效率的降低，而对于晋升到复杂职位的员工，必须提供相应的培训机会。

第二，技术创新。进行技术创新，增添新设备，以提高劳动生产率，降低对人力资源的需求。

第三，加班。在遵守《中华人民共和国劳动法》以及其他相关法律和行政法规的前提下，应增加员工的工作时长和任务量，并提供适当的经济补偿，以弥补员工在短期内的不足。尽管加班具有一定的灵活性，使企业能够在工作量突然增加的情况下保持冷静，但这并不意味着可以间接地延长工作时长，也不应以牺牲员工工作质量为代价来实施。

第四，外部招聘。根据该组织的实际状况，社会招聘所需的员工时，可以考虑雇用正式员工、兼职员工或临时员工。外部招聘作为最普遍的调整策略，可以帮助企业迅速招聘到经验丰富的员工以满足一线生产的需求，但从外部招聘来的管理层往往需要一段时间来深入了解企业的内部状况，因此效果可能会比较缓慢。

第五，员工培训。为了提升组织内现有员工的技能和工作效率，应对他们进行技能培训，以确保他们不仅能够适应现有工作环境，还能胜任更高级别的任务，并为未来的职位晋升做好充分准备。为员工提供必要的技能培训是企业持续努力的目标，这将确保企业在短期和长期的各个层面都能获得满足特定质量标准的人力资源。

第六，外包。组织会根据其自身的实际情况，将更广泛的工作任务全权委托给外部组织来完成。组织可以通过外包的方式，将工作任务委托给那些具有更大竞争优势的外部代理，这不仅可以提高工作效率，还能降低成本，并减少组织对人力资源的依赖。

（三）人力资源供求总量平衡，结构不平衡

在人力资源的供应和需求结构中出现的不均衡，意味着某些部门或职位的员工数量过多，而其他部门或职位员工则相对不足。面对这种供需不平衡的情况，我们可以实施以下策略来实现平衡。

（1）为了满足空缺职位对人力资源的需求，需要通过组织内部人员的合理流动来实现。

（2）为过剩员工提供专门的培训课程，以提高他们的职业技巧，并帮助他们填补职位空缺。

（3）通过促进组织内部和外部的人力资源流动，实现人员需求的平衡，即从组织外部招募合适的人员并将其分配到相应的职位，同时减少其他一些职位上的人力资源过剩。

（四）人力资源规划供求平衡措施的比较

在人力资源规划中，所采纳的各种平衡策略的执行效果存在显著差异，并且这些策略对于企业和其员工往往有着不同的解读。① 比如说，在应对供应过剩的问题上，裁减员工的速度远超自然减员，这对于企业来说是更为有益的；然而，对于员工而言，裁员导致的经济和心理损失远比自然减员更为严重，这可能会引起员工的强烈反感。

在制定平衡人力资源供求的政策过程中，不可能是单一的供大于求、供小于求，最可能出现的是某些部门人力资源供过于求，而另几个部门供不应求。比如说，高层员工的需求超过了供应，而基层员工的数量则大大超出了需求。因此，我们应该根据具体的实际情况进行深入分析，并据此制订人力资源部门或业务的规划，以确保人力资源在数量、质量、组织结构和层次上都能达到一个和谐的平衡。

简而言之，确保组织内的人力资源供需均衡不只是在总体上维持员工的需求与供应平衡，更为关键的是确保员工在质量、级别和种类等方面的供需均衡。

①张永华，苏静．人力资源管理［M］．西安：西北工业大学出版社，2017.

第三章 现代技术应用于企业人力资源管理与开发

第一节 大数据技术在企业人力资源管理与开发中的应用

在当前全球化竞争越发激烈的背景下，人力资源管理已经崭露头角，成为推动企业持续发展的关键竞争因素之一。伴随着科技的持续发展，大数据技术已逐步转变为人力资源管理的核心工具。在最近几年中，众多的研究人员开始深入研究大数据技术在人力资源的开发和管理上的实际应用，他们通过收集、处理和分析职位数据，达到了对人才资源进行精确匹配和高效管理的目的。此外，通过深入地分析行为和其产生的结果，我们可以更精确和科学地进行人力资源的管理。尽管如此，大数据技术在当前的人力资源管理应用中还存在许多挑战，例如数据的安全性、数据的品质以及数据分析的能力等问题。因此，我们有必要深入探讨大数据技术在人力资源管理领域的实际应用，寻找更为高效的策略，从而提高人力资源管理的整体质量和工作效率。这不只是帮助企业增强其核心的竞争优势，同时也促进了整个行业的进步。

一、大数据技术在人力资源招聘与员工绩效评估中的应用

大数据技术指的是运用分布式计算、分布式存储等先进技术来处理、储存和管理数据的方法。它的诞生为数据的采集、传递、保存、分析和管理带来了革命性的变革，极大地加深了我们对数据的了解，并为人力资源的创新和管理带来了新的视角和方法。

在大数据技术的推动下，人力资源管理领域也经历了前所未有的变革。传统上，人力资源的管理主要依赖于人的经验和知识，很难全面地考虑各种因素，并且其效率相对较低。随着大数据技术的广泛应用，我们有能力根据公司的实际发展状况，从大量数据中筛选出有价值的信息，对人力资源进行全面的评估，并据此作出关于员工招募、职业规划和绩效评价等方面的决策，从而提升人力资源配置的效率。

（一）大数据技术在人力资源招聘中的应用

在当代社会背景下，伴随着科技进步，对人力资源管理的需求也在持续地演变。大数据技术作为信息化的一种手段，在人力资源的培养和管理领域得到了广

泛的运用。在人力资源招聘领域，大数据技术的运用是最为普遍的。

大数据技术的应用为招聘工作的智能化提供了条件。在传统的招聘流程中，人力资源部门需要从简历材料中筛选和评估应聘者的背景和能力，这个过程需要投入大量的时间和人力。但是，通过应用大数据技术，我们能够集中处理应聘者的教育背景、工作经验和技能等信息，利用人工智能算法迅速筛选出匹配度较高的候选人，从而显著提升了人力资源部门的工作效率。

大数据技术的应用也为招聘工作的精准化提供了保障。通过对大数据的深入分析，我们能够清楚地掌握每一个招聘职位的职业属性和需求，从而制订出精确的职位描述和能力模型，并确定筛选出最合适的应聘者。此外，在进行人才评估时，大数据技术可以帮助我们对求职者进行更为深入和全面的评估，从而更精确地选择合适的员工，降低人才流失的高额成本。

大数据技术不仅可以应用于招聘工作，还可以提高招聘工作的品牌影响力。在当前的网络时代背景下，求职者已经从传统的面试推荐方式转向了通过在线平台进行自我宣传和推广。因此，一个企业的品牌影响力变得尤为关键。通过在招聘职位上融入媒体宣传手段，并运用大数据技术来确保招聘信息的准确传达，这不仅有助于提升企业品牌的独特性，同时也有助于塑造一个正面的雇主品牌形象。

显然，利用大数据技术能够为招聘流程提供更为智慧、高效、准确和值得信赖的服务体验，从而显著提高招聘流程的工作效率和品牌知名度。

（二）大数据技术在员工绩效评估中的应用

在当代的企业管理实践中，对员工的绩效进行评估始终是一个至关重要的步骤。企业可以通过对员工表现的评估，更深入地了解他们的实际工作状况，并据此制定更为合适的奖励和惩罚机制，从而激发员工的工作热情和积极性。在传统的员工绩效评价方法中，确实存在一些主观偏见，如评估的误差和不公平的评估标准，这些都对员工的绩效评价带来了不小的挑战，但随着大数据技术的涌现，则为员工提供了更加科学且客观的绩效评价。

大数据技术可以通过采集和分析员工的各种行为数据，对员工的工作表现进行客观的量化分析。① 例如，我们可以对员工的工作行为进行数据分析，诸如任务完成的速率、工作持续的时间等，同时也可以对员工提供的服务质量进行评估，诸如客户满意度和处理时间等。对这些数据进行深入分析，有助于公司更为准确地评价员工的工作绩效，并为公司未来的奖励和惩罚制度提供坚实的数据基础。

利用大数据技术，我们可以构建一个细致的员工绩效评价模型，从而进一步优化员工绩效评估的速度和准确性。企业有能力利用大数据技术来训练和学习员

①刘娜，邱玉琢，吴崇．大数据人力资源管理[M]．南京：河海大学出版社，2020.

工的工作数据样本，从而识别出员工绩效评估过程中可能存在的问题，并据此构建一个基于数据驱动的绩效评估模型。这种方式使得企业能够自动评估员工的工作绩效，减少了主观评价可能导致的误差，并增强了员工绩效评估的准确性和工作效率。

利用大数据技术，企业能够更深入地掌握员工的心理和工作状态，进而制订出更加科学和高效的员工管理策略。例如，通过对员工情感反馈、培训参与情况以及工作满意度等多方面数据的分析，能够更深入地了解员工的实际需求和现状，从而为企业在制定更加合适的员工激励和培训方案方面提供强有力的支持。

大数据技术不仅可以为企业提供更加科学和客观的员工绩效评估，同时也可以为企业制订更加科学和高效的员工管理策略提供坚实的数据支撑。因此，在进行企业管理活动时，我们应当最大化地运用大数据技术，以推动其在员工绩效评价方面的广泛应用。

二、大数据技术在人力资源培训与发展中的应用

（一）大数据技术在培训需求分析中的应用

在实际的人力资源培训活动中，对培训需求的分析始终是一个非常关键的步骤。大数据技术的运用为这个环节带来了更为细致和科学的方法。利用大数据技术收集的大量信息，能够帮助我们更准确和科学地分析员工的培训需求，从而使培训方案的制定更为精确和科学。

更具体地说，大数据技术能够通过深度分析员工在工作或学习过程中的行为数据，整理和分析员工在职业生涯中需要掌握的技能和知识，并据此系统地设计培训课程。例如，在分析培训需求的过程中，大数据技术能够收集和整理员工在日常工作中产生的数据，例如员工完成任务的时间、操作方法、反馈内容等，从而获取每个员工的技能水平和培训需求的数据信息。

与此同时，大数据技术在设计培训内容时也展现出了其不可或缺的价值。此工具有助于人力资源部更深入地了解员工的学习情况、学习模式和学习效果，并为他们提供定制化的学习建议与方向。例如，通过对员工的学习历史和课程评估数据的分析，我们可以迅速确定哪些课程的目标受众更广泛，并结合员工的学习反馈，为未来的课程改进提供必要的数据依据。

显然，大数据技术在人力资源的培训流程中，尤其是在培训需求的分析和培训内容的设计上，展现出了其独特的优势。它能够协助企业为员工提供更为个性化和精确的培训方案，从而提高培训的效果和整体员工的素质。

（二）大数据技术在培训内容设计中的应用

在人力资源的培训和发展阶段，培训内容的设计品质直接影响培训的成果和

执行的效果。伴随着大数据技术的不断进步，将其融入培训内容的设计中，可以实现更为精确的内容设计，增强培训的针对性和实效性，从而实现更为出色的培训成果。

利用大数据技术，我们能够深入分析和挖掘学员的学习数据，进而更准确地把握他们的学习需求和学习习惯。通过对学员过去的学习数据，例如所掌握的知识点、练习的时长和准确性等进行深入分析，我们能够明确每位学员的学习模式和独特性，并据此制定有针对性的培训方案。此外，借助大数据技术的辅助，培训机构有能力收集和梳理各个领域、行业和职位的知识和技能需求，从而为各个层次和领域的学员提供更为专业和精确的培训材料。

利用大数据技术，培训机构能够获得大量的信息资料。大数据技术以其高速、全面和准确的信息收集和处理能力为特点。因此，通过对人力资源相关数据的深入挖掘，我们可以获取大量的信息资源，包括行业趋势、人才需求和职业发展方向等。这些信息不仅可以为培训机构提供更全面的培训内容，还可以为学员提供更有价值的知识和学习资源。

利用大数据技术，我们能够分析学员的学习反馈，从而对培训成果进行评估，并持续地对培训内容进行优化。通过大数据技术，我们可以根据学员在学习过程中的各种反馈，如练习、测试和讨论等数据，对学员的学习进度、知识体系的构建和应用情况进行全面、准确和及时的分析和评估。这不仅可以为培训机构提供全面、准确和及时的评估结果，还可以根据分析结果来优化培训内容和方式，从而实现更好的培训效果。

综合考虑，大数据技术不仅可以提供更为精确、专业和高效的培训材料，还可以通过评价来优化培训成果，从而为人力资源的进一步培训和成长提供更为科学和高效的支撑。

（三）大数据技术在培训效果评估中的应用

为了准确评估人力资源培训的成效，公司需要投入大量的时间和精力来收集、组织和分析相关数据。在传统的评价方式下，企业通常依赖于问卷调查和听取部门领导的意见，以深入了解员工在培训过程中所学到的知识以及他们的行为和表现是否有所改变。尽管这些建议的方法经常受到时间和资金的制约，并可能导致不精确的评估，但利用大数据技术来评价培训的成果，无疑是一个相对稳定且高效的策略。

（1）利用大数据技术，公司可以在接受培训之前明确关键的绩效指标，并持续追踪它们的变动。这些评价标准涵盖了员工的工作表现、学术成就以及职业表现等方面。公司可以通过搜集有关这些领域的信息，在完成培训之后，更深入地了解员工的工作表现和他们的反馈，这将帮助管理团队做出更明智的决策。

（2）利用大数据的分析手段，企业能够通过深入了解员工的个性和行为模式，从而更为精准地设计和优化课程内容。通过数据分析，公司能够更深入地了解员工的实际需求和所面临的问题，这有助于制定更具针对性的培训课程，从而提高课程的教学效果和员工的参与度，使培训内容更加符合员工的实际需求。

（3）利用大数据技术，公司可以在培训完毕后迅速评估其培训成果。相较于传统方式需要数周或数月的耐心等待，大数据技术有能力对培训成果进行实时评估。通过对员工绩效、学习成果等多个方面的持续监控，企业能够更准确地判断员工是否已经掌握了所需的专业知识，并将这些知识有效地运用到实际工作中。

随着时间的推移，越来越多的公司开始关注并采纳大数据技术在人力资源培训效果评估中的应用。从课程的设计阶段到评估的最终结果，大数据技术都能为公司提供更为丰富的数据支撑，从而帮助企业更准确地了解员工的工作表现和反馈，以及课程可能的优化方向。

三、大数据技术在人力资源管理中的应用

（一）大数据技术在员工流失预测中的应用

在公司的人力资源管理实践中，员工流失一直是一个棘手的问题。员工的离职不仅会导致企业培训成本的浪费，而且还可能对公司的正常运营产生不良影响。例如，员工的离职可能会对公司的业务稳定性产生负面效应。对于企业管理者来说，如何精确地预见员工可能的离职情况是一个亟待解决的难题。

在人力资源的管理过程中，利用大数据技术能够为企业预测员工的流失情况提供有力的支持。通过运用历史数据和统计分析手段，企业有能力通过这些数据来探究员工流失的模式，并依据这些模式进行员工流失的预测。大数据技术能够自动处理枯燥无味的数据，从而使企业的管理层能够更迅速、更高效地提取信息并进行分析。

更具体地说，大数据技术能够通过深入分析员工的个人资料、入职历程和工作职责等多个方面，预估员工可能流失的情况。例如，企业可以通过分析员工所在部门的人员流动、前一份工作的持续时间和工资等因素，来预测员工是否更容易离职，这也有助于企业提前采取相应的措施，例如提高福利待遇、改善员工的工作环境等。

综合来看，大数据技术可以深度挖掘数据中的潜在信息，并通过多源数据分析和建模算法为人力资源管理提供有力的决策支持。这不仅可以帮助企业更迅速和更准确地掌握员工流失的情况，还可以提前实施相应的干预措施，从而有效降低员工流失率，增强企业的运营稳定性和核心竞争力。

（二）大数据技术在薪酬管理中的应用

在当前全球市场竞争尤为激烈的背景下，薪资标准已逐渐成为吸引员工继续

留任的关键要素之一。薪酬管理，作为人力资源管理的核心环节，始终是企业关注的核心话题。

伴随着大数据技术的普及，公司有能力通过薪酬数据的深度挖掘来优化薪资结构，从而增强员工薪酬的公正性和透明性。众多的公司已经采用了大数据技术对员工的薪资进行深入分析，并据此做出调整。

利用大数据技术，企业能够深入探讨员工的薪资与业绩之间的联系，并据此制定个性化的薪资策略和分配方式。企业可以通过对员工的工作能力、工作时长和对工作的贡献进行分析，从而更精确地制定薪资策略，并提高员工对薪资的满意度。

此外，利用大数据技术，企业能够更好地理解薪资在各个地区、行业和职位上的差异，以及不同员工的预期薪资与实际薪资之间的差异。这批数据有助于企业构建更为合适的薪资体系，并提升员工的留存率。

在薪资管理领域，大数据技术起到了至关重要的作用，它能为员工带来更为公正、透明和定制化的薪资待遇，从而增强员工对薪资的满意度和留存率。

（三）大数据技术在员工满意度调查中的应用

在员工满意度的调查中，大数据技术的应用日益受到欢迎。在传统的员工满意度调查手段中，人们通常选择使用纸质问卷或在线问卷进行调查，但与大数据技术相比，这种方式在效率和准确度上都显得相对较低。大数据技术能够利用各种不同的数据资源，如员工的工作时长、绩效表现、过去的薪资记录和离职记录等，以更为深入和全面地了解员工的实际状况，并据此更精确地评估员工的满意度。这种做法有助于企业为其员工提供更加合适的福利，并对员工的不满之处进行适时的修正。

此外，借助大数据技术，员工满意度的调查变得更为及时。在传统的研究方法里，这类调查通常是按照一定的时间间隔来执行的，比如按照每季度、每半年或每一年的固定周期来进行。利用大数据技术，我们能够对员工的工作状况进行实时的观察和分析，这有助于我们更迅速地了解员工的感受，并据此采纳相应的改进策略。同时还有助于提高公司员工的满意度，并为公司未来的成长奠定坚实的基础。

在进行员工满意度的调查时，大数据技术为我们提供了更为详尽的信息。在传统的分析方法中，人们通常只关注员工的自我评估和公司管理层的反馈。然而，大数据技术能够从更广泛的视角，如员工行为数据和社交媒体数据等，来深入分析员工的感受和实际情况，以利于公司更为深入和全面地了解员工的实际状况，并推出更能满足员工需求的改进方案。

在进行员工满意度的调查时，大数据技术的运用显得尤为关键。该系统不仅效率更高、精度更高，还能实时反映员工的感受，并提供更为全面的数据信息。因此，在企业的人力资源管理策略中，大数据技术发挥了不可或缺的作用。

（四）大数据技术在团队建设中的应用

在团队构建的过程中，大数据技术的运用主要集中在三个核心领域：团队的构建、团队的管理以及团队的绩效表现。

在团队建设的过程中，采用大数据技术有助于更为科学地分配团队成员。借鉴以往的经验，并结合目前的市场需求与公司的业务发展方向，机器学习算法能够计算出最合适的团队组合，从而增强团队成员之间的协同效应，更有针对性地挖掘每个成员的潜能，提升团队的整体效益。

从团队管理的角度看，利用大数据技术可以显著提高团队内部的交流和合作效率。通过内部的专业网络平台和大数据分析，团队成员能够分享信息和观点，这不仅能够增强团队成员之间的相互信任，还能够提高团队文化的凝聚力。

值得强调的是，除了上述提到的几个方面，团队的绩效提升也与大数据技术的强大支撑密不可分。通过运用大数据分析技术，企业有能力对团队中的每一名成员进行绩效评估，从而准确地确定每个人的工作量和工作质量，并据此制定合适的激励方案。同时，基于对团队绩效的深入分析，企业还能进一步优化团队成员的配置和任务分配，以全方位提升团队的工作效能和绩效表现。

大数据技术在团队建设中的应用所带来的益处是显而易见的。通过更加科学和个性化的方式来构建团队，加强团队成员间的信任和交流，明确每个人的工作职责和质量，大数据技术的应用也能进一步提升团队的绩效。因此，在组织管理团队的过程中，企业可以适度地利用大数据技术，以便进一步优化工作流程并最大限度地提升经济效益。

四、大数据技术在人力资源决策中的应用

（一）基于大数据的人力资源决策模型构建

在这个信息泛滥的时代，企业必须在越来越复杂的人力资源决策过程中迅速作出明智的判断。为了应对此种状况，我们可以采用大数据技术来搭建一个人力资源的决策模型。因此，企业有能力通过大规模的数据收集和处理手段，构建一个更为全面和精确的人力资源决策模型。

在构建人力资源决策模型的过程中，大数据技术能够被广泛应用于多个领域。例如，通过收集和分析来自多个角度的人员素质、背景和工作经验等相关信息，我们可以得到一个全面而完整的人力资源现状分析结果，这将有助于为企业提供更加科学和合理的决策支持。除此之外，企业有能力运用数据挖掘方法，通过深入分析历史招聘和人事变动等多方面的数据，为企业制订更为出色的人才培养方案提供有力的数据支撑。

与传统的人力资源决策模型相比，基于大数据技术构建的人力资源决策模型展现

出更高的准确性和更出色的全面性。企业利用深度学习和掌握大数据技术的优势，可以构建一个有助于企业发展和提高绩效的人力资源决策模型。与此同时，企业在应用大数据技术的过程中，也必须严格遵循相关的法律和法规，以确保大数据技术能为人力资源的决策过程带来实质性的好处。

（二）大数据技术在人才战略制定中的应用

在现代市场的激烈竞争环境下，人力资源已逐渐转变为企业成长的关键支柱和战略性资产。然而，在企业发展的过程中，如何构建一个科学且合理的人才战略，并对人力资源进行合理的配置，始终是企业需要解决的核心问题之一。伴随着大数据技术的不断进步和广泛应用，企业有能力通过运用大数据技术更有效地管理和利用人才资源，从而使人力资源决策过程更加科学、细致和高效。

1. 企业可以使用大数据技术分析市场招聘情况

通过对市场上的人才招聘数据进行收集和分析，我们能够识别出哪些职位最为稀缺、哪些人才最具有市场竞争力以及哪些招聘职位的薪酬水平需要进一步提升等。利用这批数据，公司能够精确地了解市场的供需变化、人才的流动和分布模式，从而为招聘人才提供强有力的数据依据和方向性指引。进一步地通过对候选人资料的深入分析，我们能够筛选出表现出色的面试者，并据此决定他们是否应被企业接纳。

2. 企业可以利用大数据技术来构建人才评估模型

通过将众多的人才数据整合到人才评估模型中进行深入的分析和处理，我们能够对员工在职业技能、潜在能力和适应性等多个方面进行全面评估。基于这些评估结果，为员工设计出具有针对性的职业成长计划和晋升策略，从而实现员工的职业发展。

3. 企业可以通过大数据技术来探究人才流动规律

通过对员工流动路径和背后原因的深入分析，我们能够识别出导致人才流失的关键因素和发展趋势，并据此制订出相应的激励措施和保留计划。同时，依据员工在职业生涯中的生命周期规律，制订个性化的职业发展规划，以协助员工在更长期的时间框架内实现个人成长，进而促进员工和企业的共同进步。

在人才管理和制订人才战略时，大数据技术能够展现出其巨大的潜力和优势。企业应当深度探索并充分运用大数据这一强大工具，以实现人才资源的最优配置、高效管理和高效利用，从而为企业的持续发展提供强有力的推动力。

（三）大数据技术在人力资源风险控制中的应用

在人力资源的管理过程中，如何控制风险始终是企业管理的核心内容，但随着大数据技术的飞速进步，众多企业开始利用这项技术来减少潜在的风险。在人力资源的风险管理领域，大数据技术预计会得到广泛运用。接下来，我们将从三个维度深入探讨大数据技术在人力资源风险管理中的实际应用。

1. 大数据技术可以帮助企业进行员工离职风险预测

离职员工给企业带来的损失是不容忽视的。利用大数据技术，我们可以分析员工离职的原因、离职前后的表现等，预测哪些员工可能会提出离职申请，并对离职原因进行分类和统计，然后有针对性地制订留人计划，在员工离职前采取措施尽可能留住这些员工，从而减少企业的离职员工数量。

2. 大数据技术可以帮助企业进行员工身份识别

在公司的管理实践中，为确保人力资源信息的安全与准确，公司往往会实施某些策略来限制员工对数据的操作权限。但是，在许多场合中，员工的身份往往难以被准确识别，这给企业带来了相当大的安全隐患。借助大数据技术的应用，企业能够在员工登录到企业系统的过程中，自动地识别出员工的身份信息，这样做不仅有效减少了员工的操作权限，还确保了企业数据的安全性和准确性。

3. 大数据技术可以帮助企业进行员工绩效评估

对企业来说，对员工的绩效进行评估是至关重要的，这不仅可以帮助企业更好地了解员工的工作表现，还可以帮助企业进行薪酬管理和更有效地调整人力资源布局。但是，传统的绩效评价方式往往伴随着评价标准的主观性和评价指标的量化困难等挑战。采用基于大数据技术的员工绩效评估手段，能够通过对员工日常工作表现、个人技术能力和职业背景等多方面信息的大数据分析，全面评估员工的工作能力和价值，以利于对员工工作表现更为公正地评价。

在人力资源风险管理领域，大数据技术展现出了其不可忽视的应用潜力。借助大数据技术的应用，企业有能力在风险管理上更为精确地识别和规避各种潜在风险，从而做出更为明智的人力资源选择，进一步推动企业的持续增长。

第二节 信息技术在企业人力资源管理与开发中的应用

伴随着信息技术的持续进步和广泛应用，企业在人力资源的开发和管理上也遇到了日益增多的机会与考验。在现代的工业工程背景下，一个企业的竞争力在很大程度上是由其技术实力、管理能力、经营策略以及信息化水平所决定的，而这些因素都依赖于具备相应知识和技能的人才来推动。因此，人力资源的开发和管理面临着向信息经济领域输送各类人力资源的重大责任。

如今，企业人力资源管理领域中信息技术的运用已逐渐成为热议的焦点。信息技术不仅可以被当作一种工具来使用，还能解决众多的难题。尽管如此，仍然面临着众多的问题和考验。例如，探讨如何高效地运用信息技术以强化人力资源的培养和管理，以及如何确保信息的安全性和保密性等问题。因此，为了更有效地解决这些问题和面临的挑战，有必要深入研究信息技术在人力资源开发和管理方面的应用问题。

一、信息技术在人力资源开发中的应用

（一）信息技术对人力资源开发的影响

信息技术的发展对人力资源的培养和管理带来了深刻的变革。借助信息技术的力量，我们有能力对人才进行更为深入和全方位的评估与筛选，这不仅使得招聘流程变得更加科学和高效，还能助力人力资源部门更加深刻地了解员工的独特技能和需求。信息技术不仅有助于员工的培训和发展，还实现了对员工教育和培训过程的全面管理和评价，从而显著提升了培训成效，使学习过程变得更为迅速和高效。更加关键的是，信息技术融合了大数据、人工智能、云计算等多种先进技术，为员工提供了全方位和精确的管理，从而增强了公司的整体竞争实力和持续发展的潜力。

在评价人才的过程中，信息技术起到了不可或缺的重要作用。在招聘人才时，我们可以借助信息技术对求职者进行详尽的分析和评价。举例来说，在招聘企业程序员的过程中，评估应聘者在代码处理、逻辑推理以及团队协作等多个方面的能力是非常必要的。利用先进的智能检测工具，企业能够自动地对应聘者的代码进行全面检查，并依据专家的评估以及多维度的综合评分系统来做出综合评分。在这一流程中，信息技术通过自动化评分和筛选手段，显著提升了筛选的效率，同时也有效地减少了由人为因素引发的错误判断，从而最大限度地激发了人才潜能。

在员工的培训和成长方面，信息技术也起到了不可或缺的作用。利用信息技术，人事部能够对员工的培训和成长进行深入且科学的数据整理。举例来说，在员工培训的全过程中，信息技术能够利用企业内部的知识库和学习管理系统等多种信息资源，以实现对学员学习计划的全面安排、学习进度的实时监控以及学习效果的全面评估。此外，企业还可以利用网络平台等工具为员工提供远程在线培训，这不仅可以提高员工的远程学习效率，还有助于减少培训过程中的时间和空间限制。在对员工进行评估的过程中，信息技术能够依据员工的学习效率和成果指标等多方面的综合数据做出评估，从而协助企业更为精准地为员工设定培训目标和方案，优化培训资源配置，并提高培训的整体效果。

综合来看，信息技术在现代企业中对于人力资源的培养和管理起到了不可或缺的作用。该方法通过提升人事管理的科学性和自动化程度，实现了对员工全生命周期的有效监管和管理，从而使企业在一个更加高效、灵活和适应市场需求的竞争环境中，为企业的可持续竞争和发展提供了坚实的支撑。

（二）信息技术在人才招聘中的应用

近些年来，信息技术在招聘人才过程中的运用已经成为企业人力资源管理的核心内容。传统的招聘方法，比如张贴海报、分发传单、组织招聘会等，已经不能满足企业对人才高效、定向、精细的需求。在这样的背景下，各企业开始在招聘流程中大规模地融入信息技术。

1. 信息技术在人才招聘中的应用提高了招聘效率和质量

例如，在招聘平台上发布招聘信息、有针对性地搜索人才，以及通过线上招聘网站进行简历筛选等措施，都极大地减轻了雇主的工作负担，同时也降低了雇主和求职者之间的沟通成本。此外，利用信息技术将招聘的需求与求职者的预期相结合，从而增强招聘的精确度和准确性。

2. 信息技术在人才招聘中的应用推动了招聘方式的数字化和智能化

我们可以采用供应链管理的方法，将人才供应链整合进来，创建自动匹配的算法，以预测未来的人才需求并推动人才的储备。另外，通过应用人工智能技术，招聘质量可以在简历分析和面试语音识别这两个关键领域得到提升。

3. 信息技术在人才招聘中的应用，促进了求职者与企业在信息资源利用上的平等

随着信息技术的不断进步，求职人员现在可以通过互联网获取关于雇主的招聘准则、团队文化和薪资福利等相关信息。在一个信息公开和透明的环境中，求职者有机会通过积极主动地寻找工作机会和提升自己的专业素养来满足雇主的招聘要求。

在人才招聘领域，信息技术的运用为企业创造了一个更为高效、智能和用户友好的招聘路径，这不仅提高了招聘的精确性和效率，同时也为那些正在寻找工作的人提供了更多的工作机会和丰富的市场信息资源。

（三）信息技术在员工培训中的应用

随着信息技术的持续进步，为员工的培训创造了无尽的机会。传统的培训方法主要依赖培训师，其讲解内容过于单调，缺乏互动性，导致培训成果并不理想。目前，信息技术已经成为培训课程的设计、执行和评价的有效工具。通过电子邮件、在线会议和论坛等多种技术途径来传递知识，从而为员工提供更高程度的学习自主权。此外，新技术如虚拟现实和人工智能的普及，进一步加强了信息技术在员工培训领域的运用。

1. 利用信息技术进行在线培训，可以打破传统培训的时空限制

在传统的培训模式下，员工需要前往指定的培训地点进行学习，这一过程既复杂又受到时间和地点的制约，导致他们难以充分参与培训活动。通过在线培训，员工现在可以在家里、办公室里或旅行中，甚至无论何时何地，都有机会参

与各种培训课程，这极大地增强了学习的便捷性和适应性。

2. 信息技术在培训中可以促进知识传递和分享

信息技术为员工提供了在线获取、组织和分享信息的平台。员工有能力迅速获取关于不同工作阶段和内容的信息，从多个角度掌握相关知识，从而增强学习的效果。此外，通过社交媒体平台进行员工之间的互动交流，不仅能够丰富学习的资源，还能够提升员工对培训主题的理解。

3. 新技术的应用进一步深化了信息技术在员工培训中的应用

新技术如虚拟现实和人工智能在培训过程中的运用，能够显著地增强和提高培训的成果。利用虚拟现实技术能够模仿复杂的职场环境，从而让员工在一个沉浸式的工作环境中体验到更为真实的学习体验。人工智能技术能够根据员工的个人学习习惯和兴趣偏好来智能推荐学习内容，从而提升员工的学习效果和兴趣水平。

在员工培训中融入信息技术，不仅可以增强培训的成果和效益，还能进一步提升公司的整体实力和市场竞争力。为了不断提高员工和企业的核心竞争力，企业必须持续关注信息技术的最新进展，并将其更有效地融入人力资源的开发和管理过程中。

二、信息技术在人力资源管理中的应用

（一）信息技术在绩效管理中的应用

在绩效管理的领域内，信息技术的运用让绩效管理逐渐走向了数字化、细致化和科学化的方向。传统上，绩效管理主要依赖于人力和物力的投入，导致操作效率不高。然而，信息技术的引入使得数据的整合和分析变得更为迅速和精确，从而提升了绩效管理的整体效果。

在绩效管理领域，信息技术的实际运用涵盖了绩效考核数据的数字化处理、绩效管理系统的进一步完善和数据分析的具体实施。企业有能力运用先进的绩效管理系统，整合各种企业考核准则，并统一管理考核数据，以实现考核流程的规范化、自动化和智能化。利用绩效管理系统，公司的管理者能够方便地查看公司的整体绩效，迅速地识别出表现出色或表现不佳的员工，从而为针对性的激励和拓展活动提供必要的数据支持。此外，绩效管理系统还允许员工对自己的工作成果进行自我评价，并对上层领导进行评估，从而增强绩效管理的公平性和员工的参与意愿。

在信息技术的应用中，绩效管理数据的分析和应用显得尤为关键。借助信息技术工具，能够迅速且高效地整理和汇总员工的评估数据，从而实时呈现整个公司的业绩表现；还可以利用算法和数据挖掘技术，对员工绩效数据进行多种排名和趋势分析，从而得出科学且合理的评估结果。利用信息技术来辅助绩效管理可

以显著缩短数据处理的时间，同时提高数据处理的准确性和科学性。在人力资源的管理过程中，创建一个数字化和数据化的绩效管理环境，并充分运用最新技术，这样不仅可以提高管理的效率，降低公司的运营成本，还能显著提高员工的工作参与度和他们的成就感。

在绩效管理领域，信息技术的运用能够让绩效评估变得更为公平和科学，从而显著提高企业管理的效率。未来，企业必须持续重视在信息化环境下的人力资源管理，加速技术应用和升级，提高管理质量和软实力，以实现企业的可持续发展目标。

（二）信息技术在薪酬管理中的应用

薪酬管理是企业人力资源管理的重要方面，它关系着员工的收入和企业的利益。信息技术在薪酬管理中的应用，可以有效提高薪酬管理的效率和准确性，切实保障员工的利益。

1. 信息技术在薪酬管理中可以实现自动化计算和处理

通过构建一个人事信息管理系统，能够整合员工的基础资料、薪资标准等关键数据，并利用计算机技术自动处理和计算这些薪资信息。例如，通过自动计算员工的薪资、津贴和奖金等，可以有效地减少人工干预的负担，并提升处理流程的效率。

2. 信息技术还可以实现薪酬管理信息的共享和统一管理

通过构建公司内部的薪资管理系统，能够系统性地收集、分析与薪资相关的数据。此外，各个部门间的信息交流和共享也增强了部门间的交流与合作。依托高效的信息交流和管理机制，企业能够更为精确地设定薪资政策，并更有效地激励和管理其员工，从而实现企业成长与员工利益之间的积极互动。

3. 信息技术在薪酬管理中还有利于保证薪酬的公正性和透明度

企业有能力运用数据挖掘方法，对公司内部的薪资数据进行详尽的分析，识别可能出现的薪资不平等和偏见，并据此采取相应的措施，以提升薪资制度的公平性。此外，通过应用互联网技术，确保了薪资信息的透明度和公开性，这使得员工能够更深入地了解自己的薪资情况以及公司的薪资策略和准则。

在薪酬管理领域，信息技术的运用使得薪酬管理变得更加智能、协同和公正。随着信息科技的持续进步和广泛应用，企业在薪酬管理方面也将更加科学化、标准化。

（三）信息技术在福利管理中的应用

福利管理不仅是涉及企业员工福利待遇的一项重要管理活动，同时也是员工满意度和忠诚度的直接反映。随着信息技术日益普及和进步，企业有能力利用这些技术来提升福利管理的工作效率和服务质量。

1. 在福利的管理过程中，我们可以利用信息技术来进行福利数据的采集、保存、加工和维护

通过构建福利管理信息系统，企业能够实时更新和查询福利数据，员工可以随时了解自己的福利状况，这将有助于提升福利管理的透明度和公正性。

2. 我们可以利用信息技术自动化福利的申请和审批流程

在传统的福利管理方式中，员工必须完成纸质的申请表格并进行手工审核，这不仅效率不高，还容易产生错误。通过构建一个福利管理信息系统，员工能够在线提交福利申请，实现自动审批或提交给上级审批，这极大地提升了福利管理的效率，并降低了出错的风险。

3. 我们还可以利用信息技术来提供各种福利服务

企业有能力通过构建福利管理信息系统，为其员工提供在线购物、订餐和预订等多种服务，从而提升员工的福利水平和生活质量。

在福利管理领域，信息技术的运用能够显著提升福利管理的工作效率和品质，为员工带来更为公平和透明的福利待遇，进而增强员工的满意度和忠诚度，为企业的人力资源管理打下坚实的基础。

三、信息技术在团队合作与沟通中的应用

（一）信息技术在团队协作中的应用

在当今的企业环境下，团队之间的合作被视为实现成功的核心要素之一。伴随着信息技术的迅速进步，众多企业开始有效地利用这些技术来加强团队之间的合作，并已经获得了显著的成果。信息技术的运用使得员工能够在任何时间和地点共享文件、信息和思维，从而提升沟通和合作的效率，增强团队合作的积极性。

团队协作软件是一种广泛应用的信息技术工具，其独特之处在于融合了文档共享、在线会议和消息推送等多重功能，这不仅优化了团队合作流程，还提高了成员间的沟通效率。

此外，利用电子邮件和实时通信工具极大地简化了团队之间的合作流程。利用这些工具，成员能够在实时聊天、视频会议或电子邮件中分享文件、进行讨论和制订计划，从而加强沟通和合作，加深成员之间的信任和理解。

信息技术在团队合作中的运用，使得员工能够更加高效地合作、分享观点和信息。日益增多的公司开始将焦点集中在如何高效地运用信息技术来加强合作，并认为这是企业成功的关键要素。因此，熟练掌握并有效利用信息技术在团队合作中的角色，对于企业的成功至关重要。

（二）信息技术在远程办公中的应用

伴随着信息技术的迅猛发展，众多企业选择了远程办公模式，目的是达到更高的团队合作效率和更出色的工作表现。在此背景之下，远程办公中的信息技术应用变得越来越关键。

1. 在远程办公环境中，信息技术的运用有助于提升团队合作的效率与品质

利用信息技术工具进行团队合作，与传统的面对面会议和交流方式相比，团队成员能够在任何时间和地点进行实时的在线沟通和讨论。除此之外，众多的信息技术工具，如网络云存储和文档共享等，能够实现多个团队成员的同步编辑和沟通，以共同完成各项任务。在这些领域中，信息技术的运用极大地提高了团队合作的效率与品质。

2. 在远程办公环境中，信息技术的运用能够显著提升员工的工作效能和生产效率

通过远程合作，员工能够更有效地管理他们的时间和资源，从而更有效率地完成各项工作任务。此外，通过远程办公，员工可以获得更为灵活的工作时段和场所，这有助于他们更专注于工作，从而降低工作中断和外界干扰的风险。

3. 利用信息技术的力量，企业有能力创建一个在线员工交流平台，从而增强团队之间的合作和员工之间的沟通

公司能够利用网络社交工具和其他信息技术工具，构建流畅的交流通道，并实时了解员工的工作状况。在员工之间的交流中利用信息技术，不仅可以提高公司内部的沟通效率，还能增强与外部的沟通技巧，使得公司的管理过程变得更为高效和精确。

在远程办公环境中，信息技术的运用对于增强团队合作、提升员工的工作效率以及增强企业之间的沟通能力具有至关重要的影响，它能助力企业更有效地应对现代社会所带来的各种挑战和变革。

（三）信息技术在员工沟通中的应用

在当今的企业环境下，如何与员工进行有效沟通已经成了一个至关重要的议题。高效的员工交流是组织内部和外部沟通的核心，也是提升季度绩效和员工福利的关键环节。在员工之间的沟通过程中，信息技术的角色变得日益关键。

1. 利用信息技术，员工能够进行即时的交流

自从传统的面对面沟通方式转变为跨地区工作并逐渐成为主导趋势之后，员工间的交流效率已不再像以往那么高。这意味着企业需要利用信息技术来加强员工间的交流。例如，公司可以利用其内部的社交工具，让员工之间可以迅速且方便地分享信息。此外，他们还可以利用视频会议、电话会议等手段进行即时交流，甚至有可能使用电子白板来共同完成任务。

2. 利用信息技术，企业能够构建员工的反馈路径，进而使员工更加积极地参与组织的决策过程

尽管企业经常依赖调研等手段来获取员工的反馈和观点，但传统的方法往往存在反馈时间过长和信息收集不够迅速的问题。利用信息技术手段，企业有能力创建一个电子平台，用于对其员工进行详细的调查；此外，我们还可以通过社交媒体、博客等多种方式，使员工能更方便地分享他们的观点，并利用关键词等工具迅速地管理和分析反馈，从而进一步提高组织决策的效果。

3. 通过提供有效的监管和安全保障措施，信息技术能够进一步加强员工信息的安全性

随着公司信息技术的持续进步，大量的敏感信息在企业中需要得到充分的安全保护，这在员工间的沟通中显得尤为关键。因此，为了确保员工的信息安全，企业可以采用物理安全措施和网络安全解决方案等多种手段。此外，公司还可以采用信息技术来解决机密信息的泄露问题，从而增强员工的信息安全意识。

随着时间的推移，信息技术在员工交流中的角色变得日益关键。企业有能力通过运用多样化的信息技术工具，以实现信息的即时共享，从而更加高效地进行决策和管理活动，同时也能在信息保密等方面保持高度的安全性。公司必须始终密切关注信息技术的进步，持续地更新其工具和策略，确保与时代同步发展。

（四）信息技术在企业文化建设中的应用

随着全球化进程的快速推进和信息技术的飞速进步，企业间的竞争已经超越了仅是物质和资源的角逐，而是逐渐步入了一个以文化建设和知识经济为标志的高价值和高智能人力资源的新时代。因此，在现代企业文化的构建过程中，采用信息技术变得不可或缺。

信息技术突破了时空的束缚，为企业开辟了无尽的成长空间。利用先进的信息技术，企业能够在各种不同的场所共享、交换和储存信息，这彻底消除了时间和空间的束缚，实现了真正的“无界面”办公模式。因此，在企业文化传播的过程中，也极大地促进了员工间的交流与合作，扩大了员工互动的可能性，从而为企业文化的广泛推广提供了极大的便利。

信息技术为我们提供了高效的管理策略和便捷的企业文化传播路径。管理人员有多种途径，如网站、微信公众号和企业软件等，向员工传达企业的文化和核心理念。这些信息传播途径不仅方便企业进行即时的信息反馈和问题解决，还能对员工工作流程的各个环节进行细致的跟踪和管理，从而加强对关键信息的保密措施，并提升员工的工作效能。

信息技术的运用也让企业文化的构建更深入地融入企业的心理结构中，变成了员工行为中不易察觉的影响因素。利用企业的内部网络和电子邮件等

先进的信息技术工具，员工能够体验一个紧凑和开放的企业文化氛围。这种氛围鼓励员工勤奋、务实、创新和共赢，从而增强企业吸引和保留优秀员工的能力。

在构建企业文化的过程中，信息技术起到了不可或缺的作用。对企业而言，正确且高效地运用信息技术是从传统模式向知识和智慧模式转变的关键指标。这不仅为企业文化建设提供了一个广阔的舞台，同时也为企业的长远发展提供了坚实的保障。

第三节　数字化技术在企业人力资源管理与开发中的应用

随着数字技术的不断进步，它在人力资源管理领域的运用变得越来越普遍。数字化技术拥有卓越的数据采集、深度挖掘和分析功能，为人力资源的决策过程提供了相当稳固的支撑。数字化的传媒技术为企业的员工提供了个性化的画像，这为人力资源的管理、培训、学习需求以及人力资源的开发提供了宝贵的决策依据。

一、数字化技术在人力资源开发中的应用

（一）数字化技术在人才招聘中的应用

在目前的企业招聘流程中，数字化技术的运用已成为一个不可缺少的关键环节。应用数字化技术能够显著提升招聘的效率，缩减招聘的时间周期，减少人力资源的成本，并能以更科学的方法来评价应聘者的个人素质和能力。

一方面，数字化技术能够通过网络平台发布招聘信息，并在社交媒体上进行职位推广。另一方面，它还能利用搜索引擎等先进技术，自动搜索符合资格的求职者，并依据自动筛选机制进行简历的初步筛选。这种方式能够迅速地吸引更多的应聘者，从而缩减招聘的时间周期。从另一个角度看，数字化技术能够通过构建求职者的数据库、人才库和智能推荐算法，根据企业的具体需求，迅速筛选出满足条件的优秀人才，从而提升招聘的效率。当求职者进行面试时，利用语音识别和面部识别等多种技术手段，有助于进一步提升面试记录的精确性。

利用数字化技术，我们可以采用在线笔试、智能面试和360度评估等多种方式，从多个角度和维度来全面评估求职者的综合素质、能力和心理状态，从而减少主观和感性评价的偏见，并以最科学的方法挑选最合适的候选人。

数字化技术在人才招聘过程中的应用是一种融合了互联网、人工智能等多种先进技术的高效和科学的招聘策略，它能够协助企业更有效地识别潜在人才、降低人力资源成本，并实现精准的人才匹配。随着数字化时代的到来，众多企业逐

渐认识到数字化技术在招聘过程中的重要性，并已将其纳入人才招募和管理的策略规划中。

（二）数字化技术在员工培训中的应用

在现代企业的成长过程中，数字化技术在员工培训方面的运用成了一个不可或缺的组成部分。随着数字化时代的到来，众多企业逐渐采纳数字化手段，以增强员工培训的效益和品质。这样做不仅有助于企业在培训过程中节省时间和资金，还能促使员工更加深入地掌握和理解相关的专业知识与技术。

目前，利用互联网和电子学习平台进行的数字化培训被认为是最受欢迎且效果显著的方法之一。企业可以通过构建在线课程和学习资源库来更好地满足员工的学习需求，并且可以根据员工的学习进度和能力来制订个性化的培训计划。除此之外，数字化的培训方法还能通过整合交互式的学习模块来增强学员的参与热情和学习成果，如通过网络进行的讨论和在线实验等方式。

利用数字化技术，企业能够更为高效地处理和分析员工的学习数据以及他们的绩效表现。企业可以通过整合学员的学习和绩效数据到其人力资源系统中，从而更深入地掌握员工的学习和工作状况，进而更有效地制定和完善相关的策略和计划。

在进行数字化的培训过程中，公司还需要重视数据的安全性和保密性。例如，在处理与公司机密相关的培训材料时，我们应当采用加密技术和权限管理等手段以确保数据的安全性。除此之外，企业还需要加强对员工在信息安全方面的意识教育，以确保员工充分认识到数据保密的重要性以及他们自身所承担的责任。

在现代企业的成长过程中，数字化技术在员工培训方面的运用已经成为一种不可避免的趋势。对企业而言，通过对数字化技术的合理应用，不仅可以显著提升员工的学习成效和工作表现，还能增强企业的整体竞争能力和对人才的吸引力。

（三）数字化技术在绩效评估中的应用

传统上，绩效评估主要依赖于人力资源部门和高层领导的定性评价，但这种方法可能导致主观偏见和不公平的评价，而数字技术则为我们提供了更为客观和公正的绩效评价手段。

在绩效评估中，数字化技术的运用主要集中在两个核心领域：首先，是利用数据分析来对员工表现进行定量的评价；其次，我们利用 360 度反馈等多种手段来收集员工在多个方面的绩效反馈。这类数字化技术有助于企业获取更为客观和全面的员工绩效数据，从而提升评估过程的准确度和公平性。

在进行数字化绩效评估的量化过程中，企业可以依据员工的 KPI（关键绩效指标）和岗位职责来构建相应的绩效评估体系，将员工的绩效量化为具体的数字，并根据这些绩效数据进行排名和分级，从而形成相应的激励机制和晋升机制。

在数字化绩效评估的反馈环节，企业有能力通过360度的反馈机制收集来自不同绩效评估参与者（包括同事、上级、下属和客户等）的意见和反馈，这有助于企业从多个角度全面了解员工的绩效表现和未来发展需求。

总体而言，数字化技术在绩效评价中的运用为企业带来了更为全面、客观和公正的员工绩效数据，这有助于企业构建更为合理的员工激励和晋升机制，进而提升企业在人力资源开发和管理方面的能力，从而增强企业的市场竞争力。

二、数字化技术在人力资源管理中的应用

（一）数字化技术在薪酬管理中的应用

在薪酬管理领域，数字化技术的运用能够显著地助力企业提升其薪酬管理的质量，进而加强员工之间的团结和提升企业的竞争实力。在薪酬管理领域，数字化技术的运用主要涉及运用尖端的信息技术工具，对公司的薪酬管理流程进行深度的数字化转型。得益于数字化技术的助力，企业的薪酬管理模式已经从传统方式转向了更为智能的方式，这使得企业在薪酬管理上拥有了显著的技术上的优越性和管理的高效性。

在调整薪资的过程中，利用数字化技术可以让薪资的调整变得更为公平和合理。利用数字化技术，我们可以对公司内部的员工在绩效、教育背景、工作经验等多个方面进行深入的科学分析和估算。通过智能算法，我们可以制订出更为科学和合理的薪酬调整计划，以确保每位员工的薪酬调整都是基于企业的经济回报，从而确保薪酬调整的公正和合理性。

在支付薪资的过程中，数字化技术的运用极大地简化了公司的薪资支付流程，降低了员工成本，并减少了错误发生的可能性。数字化技术通过建立薪酬管理系统，实现了薪酬发放流程的完全数字化。从薪酬核算、工资单审核、工资查询到代发工资，所有这些环节都可以在数字化系统中进行自动化处理，从而使整个薪酬管理流程变得更加流畅和高效。

在处理异常状况时，数字技术的运用展现出了巨大的优越性。利用数字化技术，企业能够对薪资管理的每一个环节进行实时跟踪，这有助于及时识别并处理不正常的情况，从而降低企业的财务损失和员工的不满。通过数字化系统，企业能够对员工的薪资状况进行实时监控，这有助于企业迅速识别并处理薪酬中的异常情况。

显然，数字化技术在薪资管理领域的运用，对于公司的整体管理和持续发展起到了关键的推动作用。应用数字化技术不仅能让薪酬管理变得更为公平和合理，同时也有助于减轻企业在薪酬管理方面的工作负担和成本，提升管理效能，并进一步增强企业的核心竞争力。

（二）数字化技术在福利管理中的应用

伴随着信息科技的持续进步，数字化技术在人力资源管理领域的运用逐渐普

及，越来越多的企业开始将数字化技术融入福利管理体系中。

1. 数字化技术的运用能够显著地简化整个流程，从而提升管理的效率

在传统的福利管理模式下，企业常常需要投入大量的时间和人力资源来处理和统计员工福利的相关信息。例如，公司能够利用福利管理系统对员工的福利资料进行深入且迅速的整理，达到福利信息的集中管理，从而减少信息的遗失和混淆。

2. 利用数字化技术能够更加有效地满足员工多元化的需求

例如，公司有能力推出高度智能的福利管理系统，为其员工提供定制化的福利选项，以满足他们多样化的福利需求。此外，当企业采纳这种数字化的福利管理策略时，它还能够实时地更新福利的政策和设备，以确保员工能够获得更为细致的福利待遇。

3. 数字化技术的运用为企业带来了更为科学的数据分析工具，从而使得福利管理变得更为精确和高效

例如，企业可以利用福利数据的分析来预测员工的需求、了解员工对福利待遇的满意度、分析福利管理的成本等，从而使福利管理更有针对性。

4. 利用数字化技术不仅可以塑造一个更优质的工作环境，还能增强员工的工作热情和对工作的贡献

利用数字化的福利管理策略，公司能够更为高效地对员工的薪资和福利进行管理，为他们创造一个更为稳固和安全的工作氛围，进而增强员工的工作表现和满足感。

总体而言，数字化技术在福利管理领域具有广阔的应用潜力。随着数字技术的持续进步和发展，数字福利管理将推动企业进行数字化转型和业务提升，从而提高员工的工作积极性和企业的综合竞争力。

（三）数字化技术在人力资源信息化管理中的应用

在这个数字化的时代背景下，人力资源管理的数字化进程已经变成了企业数字化经营的核心内容，数字技术的广泛应用显著地增强了人力资源管理的效益和品质。接下来，我们将研究数字化技术在人力资源数字化管理上的实际运用。

1. 电子化档案管理系统的应用

在这个数字化的时代，电子化的档案管理系统助力于人力资源的数字化管理。该系统综合了员工的基础个人资料、薪资、工作表现等多个方面的信息，以便于快速和便捷地追踪和记录员工的职业成长轨迹。电子档案管理系统为人力资源的招聘、培训以及员工成长提供了关键的技术援助。电子化地管理员工信息可以帮助企业更好地评估员工的能力和长处，从而制定合适的培训方案，以利于进一步扩大员工的职业发展机会并增强他们的个人价值。

2. 在线考勤管理系统的应用

在数字化时代背景下，在线考勤管理系统已成为人力资源管理领域中一种创新性的应用平台。在线考勤管理系统能够实时获取和自动处理考勤数据，这大大减少了手工处理和计算的时间，从而降低了出错的可能性。通过对考勤数据的详细统计和分析，我们能够全方位地了解员工的出勤、迟到和早退等各种情况，从而提升企业在管理员工方面的效率。此外，这套系统还可以辅助企业领导对出勤数据进行细致的检查，从而增强员工管理的精确度和公平性。

3. 人力资源分析应用系统的应用

在数字化时代背景下，人力资源分析应用系统在人力资源管理领域是一种经常被采用的工具。该技术采用大数据挖掘和分析手段，对员工和企业的数据进行收集和解析，并从人力资源和组织运营两个方面进行深入的研究和分析。该技术的应用有助于人力资源的合理分配和调整，从而为企业在制订更为科学、合理的管理策略时提供有力的数据支撑。

4. 人力资源管理自助系统的应用

通过互联网技术，人力资源管理自助系统让员工能够在网络终端上独立地查找和管理他们的个人资料、薪资福利、出勤记录等，这极大提升了员工的自我管理技能。除此之外，人力资源管理的自助系统还能为员工在职业成长过程中提供更多的指导和建议，从而提升员工的职业技能。

第四章　企业人力资源管理信息系统及网站建设

第一节　人力资源管理信息系统概述

一、管理信息系统概述

（一）管理信息系统理论

管理信息系统的起源可以追溯到20世纪80年代的美国。管理信息系统的创始者高登·戴维斯认为，管理信息系统是计算机硬件与软件、手动操作、分析与规划、控制与决策的模型，其中也包括数据库的用户和机器用户。该系统能够为企业或组织提供所需的信息，从而支持其运营、管理和决策。

管理信息系统的理论涵盖了众多学科领域。由于其在提升生产效率、加快决策流程、强化团队协作、构建企业间的伙伴关系和联盟、推动全球化和组织变革等方面具有明显优势，因此在经济管理、组织管理、运筹决策分析管理以及数据统计分析等多个领域得到了广泛应用。从功能的适应性角度看，可以将其分类为销售与经营系统、生产与制造系统、科研与设计系统、财务管理系统以及决策辅助系统等。

伴随着互联网和计算机科学等科技的飞速发展，管理信息系统在电子商务、教育和经济管理等多个领域都取得了显著进步，这大大减轻了人们的工作负担，同时也提升了工作效率。在未来，随着大数据、人工智能、5G、区块链等技术的持续进步，管理信息系统有望为人类社会作出更为显著的贡献。

（二）管理信息系统的管理决策功能

管理信息系统的管理功能主要体现在它可以帮助组织进行合理的资源配置。组织通过使用管理信息系统来提升工作效率，实现标准化业务流程，减少资源消耗，并可以利用节约的资源来完成更重要的工作。①

---

①赵艳萍．高校人力资源管理问题及改进策略［M］．长春：吉林出版集团股份有限公司，2023.

管理信息系统中的数据是决策的基础，许多企业也越来越重视数据分析的重要性，通过对系统存储数据进行整理输出为决策提供依据。决策者通过整理后的数据报表与计划值进行对比分析，再针对偏差采取相应的纠偏措施，做好项目执行过程管控工作。因此，从企业的目标来看，使用管理信息系统辅助决策对企业的管理是有必要的。

（三）管理信息系统建设

管理信息系统建设的核心任务包括信息系统运行设备的采购、系统的集成和部署、信息系统的设计、开发以及后续的运行和维护工作。管理信息系统的发展需要经过四个关键阶段：系统的建设和立项、系统的开发和实施、系统的运行和维护，以及系统的淘汰和消亡。

1. 开始系统的建设和立项

我们需要明确系统的具体定义和信息系统建设的整体思路，经过对信息系统产品的深入研究和分析，编写系统的规格说明，并确认项目的正式启动。

2. 进行系统的开发和实施

根据项目立项阶段所确定的具体需求，通过一系列如需求分析、设计、编码、测试和交付等步骤，成功地实现了系统建设的预定目标。

3. 负责系统的运行和维护工作

一旦信息系统开发公司成功地完成了系统的开发并通过了用户的验收，该系统便可以进入运维环节。在系统的运行阶段，不可避免地会出现一些尚未被识别的开发缺陷，因此，对该系统进行适当的维护是非常必要的。

4. 该系统已经被淘汰并消亡

一旦管理信息系统开始投入实际生产和使用，随着用户业务需求的不断变化，系统将不可避免地面临一系列的改造和升级，包括新功能的迭代更新和技术的淘汰，这些都可能导致系统无法满足当前的业务需求。在用户完成了经济和技术的评估之后，如果系统失去了其实际应用价值，那么它将会面临消亡的风险。

（四）管理信息系统常用开发方法与技术

1. 常见的开发架构

管理信息系统有三种不同的架构方式：C/S 架构、B/S 架构以及 C/S 与 B/S 的综合架构。C/S 架构，也称客户端服务端架构，是一个由前端和后端服务器应用程序组成的系统。该系统允许网络数据库共享，具备高度的准确性、强大的安全性、良好的交互性和快速的数据处理速度。然而，它的缺点是维护和使用困难，需要安装客户端。如果客户端出现问题，就必须安装补丁包来修复客户端，以确保系统的正常运行。B/S 架构，也被称为浏览器服务器架构，其特点是用户无须下载或安装客户端应用软件，仅需通过浏览器来访问系统的 URL 地址。这种架构不仅提高了系统使用的便利性，还具有成本低、维护方便、分散性强、开发简便和使用便捷等优势。然而，它也存在一些缺点，例如网络通信量过大以及系统和数据安全性难以得到充分保障等。C/S 与 B/S 相结合的架构策略是在充分权衡两种架构的长处和短处后，选择将 C/S 架构与 B/S 架构融合，最大化地发挥两者的长处，同时结合实际业务需求，避免各自的不足。

2. 前后端分离模式

前后端分离模式意味着前端和后端的开发工作被完全隔离。在代码开发过程中，采用了不同的架构，并在运行时分别部署在不同的服务器上，以实现前后端的解耦。前端负责提供用户访问界面、数据请求、接收、展示和访问路径跳转控制等功能，而后端代码则负责对请求的用户进行安全验证、接收请求参数、实现业务逻辑、处理数据，并通过接口为前端请求提供响应数据等功能。该分离模式首先解决了后端代码在处理前端路由跳转和页面展示时的问题，从而减轻了在高并发量情况下后台服务器的性能负担。同时，它降低了前后端代码混淆和后期运行维护的困难。最后，前端新增了一些访问设备，例如小程序和 App，无须修改后台代码，只需在新程序中调用后台服务器接口，这样可以减少开发工作量，避免给后端系统带来新的问题。

3. 业务流程管理

为了开发人力资源管理系统，我们需要实施业务流程管理（Business Process Management，BPM）。BPM 的核心理念是流程驱动，旨在为企业的所有业务流程提供信息化的管理方式。早期的信息系统主要聚焦于企业管理，重视业务数据的输入、更改、删除和输出，而忽视了业务流程，导致与实际业务存在脱节。BPM 的运用能够在几个关键领域实现管理信息系统与实际业务的完美结合。

首先，它有助于企业流程的固化。随着企业规模的增长和制度的完善，BPM 能够协助企业将制度内的流程固定下来，通过系统来控制业务流程的流转规则，从而实现业务流程的规范化。

其次，能够达到流程的自动化。与传统的电话沟通方式、纸质审批流程相比，BPM 流程自动化不仅提高了工作效率和可靠性，还使得跨部门的业务流程变得更加简便和高效。

最后，有助于业务流程的重新组织。一旦企业的业务流程被明确制定，该企业将持续对其流程进行优化，以确保流程的科学性、合理性和有效性。BPM 能够在系统内部灵活地调整业务流程，从而使企业更好地适应不断变化的市场和管理场景。

4. 数据库技术

数据库技术在管理信息系统的开发中起到了不可或缺的作用。在计算机处理数据的过程中，会生成大量的信息数据，而数据库则能够高效地组织和储存这些数据。根据存储数据的结构类型，数据库可以被分类为 SQL 数据库（关系型数据库）和 NoSQL 数据库（非关系型数据库）。数据库技术在信息管理领域展现了其独立性、共享性和灵活性的特点，它不仅拥有数据存储的能力，还同时拥有数据管理的特性。应用数据库技术为工作人员在开发管理信息系统时提供了巨大的便利。

二、人力资源信息管理系统

（一）人力资源管理信息系统的概念

管理信息系统（Management Information System，MIS）是一个持续发展和变革的新兴学科。随着计算机技术和通信技术的不断进步，其定义也在不断更新。目前，大多数人认为管理信息系统是一个由人员、计算机设备或其他信息处理方法组成的系统，并在信息管理中得到广泛应用。它主要涵盖了信息的收集、传输、储藏、处理、保养以及应用这六大环节。一个健全和完善的管理信息系统通常需要满足以下四个核心标准：明确需求、可采集和可加工的信息、通过该系统向管理层提供信息、实现信息管理的有效性。一个管理信息系统的成熟程度可以通过其是否拥有一个统一规划的数据库来衡量，这意味着管理信息系统是计算机软件工程的一个衍生产品。管理信息系统是一个融合了多种学科的领域，其中包括计算机科学（如网络通信、数据库、计算机语言等）、数学（如统计学、运筹学、线性规划等）、管理学和仿真学等多个学科。在企业的日常管理资源中，信息占据了至关重要的地位，决策的准确性直接影响到管理活动的成功与否，同时，信息的质量水平也是决定决策正确性的关键因素。随着现代社会对管理和信息的日益重视，企业面临的首要挑战是如何高效地处理和管理信息，这也导致了管理信息系统在市场上的需求持续增长，其普及率也在不断提高。

人力资源管理系统（Human Resources Management System，HRMS）是一种通过应用系统学的理论和方法，由组织或社会团体对企业人力资源管理的各个方面进行全面的分析、规划、执行、调整、完善和优化的系统，其目的是不断提升企业人力资源管理的整体效能，并为组织或团体的目标提供更为高效的支持和服务。人力资源管理系统旨在通过增强内部员工的满意度和忠诚度来实现提升员工的贡献度（绩效）的目标。这不仅可以帮助管理者提高组织管理的效率，还可以实现降低成本和加速增长的良好效果，从而为企业创造价值链的利润。人力资源管理的优化方案是基于人力资源综合管理的视角，它将几乎所有与人力资源有关的信息和数据都整合在一起，以实现对企业在组织管理、员工事务管理、人才评估、薪资管理、招聘流程、绩效评估、员工培训和考勤管理等多个方面的统一管理。这一方案旨在为企业优化人力资源的业务流程，提升工作效率，并营造一个高效和便捷的人力资源管理文化环境。一款出色的人力资源管理软件能够协助企业在适当的时间内选择合适的员工，并将他们分配到最适合的职位，从而最大限度地发挥其功能，实现企业的战略目标和经济效益的最大化。

人力资源管理信息系统融合了技术和理念，其中技术是信息化技术的代表，而理念则是人力资源管理的核心思想，它依赖信息技术来优化人力资源的分配和管理。通常，这个系统是由多个人力资源管理模块构成的，这些模块之间存在紧密的联系和互动，能够有效地收集、处理、存储和发布人力资源管理信息，从而为企业在人力资源管理方面的所有工作提供全面的分析、协调、控制和决策支持。人力资源管理信息系统（Human Resources Management Information System，HRMIS）主要可以细分为以下几类：具有单一功能的HRMIS（主要用于工资和福利的计算或考勤管理等）、传统的HRMIS（覆盖了人力资源管理的多个核心功能，如组织管理、档案管理、招聘、职位描述、培训、能力评估、绩效考核、考勤管理、人才评估和薪酬福利等，并将这些信息集中存储在数据库中以实现对员工的集中管理）、ERP中的HRMIS（高度集成的企业资源系统与财务和生产系统结合，可以为企业提供全面的解决方案），以及新型的HRMIS（它不仅实现了人力资源的自动化管理，还与财务、供应链和生产管理等系统建立了紧密的联系和整合，从而高效地整合了企业的资源）。

人力资源管理的信息化主要体现在八个关键领域，每个领域都离不开人力资源管理信息系统的全面支持。

（1）利用信息整合技术，确保信息内容得到高效的维护和广泛的共享。

（2）业务流程管理被视为一种系统化的管理策略，它可以确保企业的目标和流程与客户的实际需求保持一致。与软件工程相似，业务流程管理首先从需求出发，接着是信息的收集和建立数据间的联系，最终形成可以在计算机或网络上实施的解决方案。

（3）利用信息技术，我们可以将信息从收集、组织、处理、储存、传递到实际应用，与传统的管理方式紧密结合。在这个过程中，我们需要重视知识的收集和整合，充分利用集体智慧，使知识创新成为提升企业竞争力的关键动力。

（4）基于标准化的信息数据模型，我们采用了统一的业务职能、员工的角色划分、企业的组织架构和员工信息等作为索引，将各种管理信息数据进行关联和汇总。通过使用单点登录、论坛互动、网络社区、内容管理、实时通信和服务集成等多种技术手段，旨在规范企业的管理业务运营，并构建一个统一的交互平台。

（5）利用功能的自动化和人性化设计，使得信息资料能够根据需求进行配置，并且容易获取。

（6）面对全球经济一体化带来的各种挑战，企业需要实施多层次、多业态和多地区的集团化统一管理。这是因为只有通过集团化的管理方式，企业才能实时掌握所有子公司的业务动态，并能够灵活且及时地应对外部竞争环境的各种挑战。

（7）尽管企业已经在信息数据管理上达到了标准化和规范化，并且业务流程也实现了制度化和流程化，但这并不意味着任务就能全部完成。通过创建统一的门户网站和虚拟工作环境，企业还需要营造一个以知识和人性为核心的管理环境，以利于准确把握企业的整体价值导向，并提升员工的价值认同感和满意度。

（8）人力资源管理信息系统不仅是一个独立的软件平台，它还需借助先进的技术手段，实现与企业其他业务或管理系统的无缝集成。从服务角度出发，确保系统间的相互调用和功能间的有效协作，可以真正实现企业人力资源管理的信息化目标。

（二）人力资源管理信息系统的功能

人力资源管理部门不只是企业内部的一个基础业务处理单位，他们不仅负责全企业员工的日常运营，还负责企业在人力资源方面的成本策略。对企业而言，人力资源管理部门应当肩负起人力资源管理的责任，并运用相关的人力资源管理软件来确保企业在人力资源各个方面得到有效的分流和控制。

1. 人力计划控制

人力资源管理软件的核心功能是对企业的组织结构进行详细记录。通过这些记录，人力资源管理部门可以清楚地了解到企业的人力资源状况，明确哪些部门人手不足、哪些部门已经满员以及哪些员工即将离职，需要迅速寻找新的在岗工作人员。掌握了一系列基础信息后，人力资源管理部门就能够更为精准地制订人力资源计划，从而为企业的持续扩张提供合理的员工调整策略。

2. 招聘控制

优秀的员工可以为企业创造巨大的价值，而如何避免人才的流失，首先需要做好招聘管理。人力资源管理软件能够协助企业有效地组织和安排招聘面试的各个环节，从而在一开始就为求职者塑造一个正面的企业形象。对于求职者来说，相应的人力资源管理软件能够比较企业的招聘需求和自身的红黑榜，帮助人力资源管理人员筛选出不合格的应聘者，从而降低企业的招聘成本和风险。

3. 人才控制

人力资源管理软件的设计并不仅是为了满足人力资源管理部门的特定需求，它涵盖了公司人力资源的各种功能领域。借助适当的人力资源管理软件，人力资源管理部门能够整合企业员工的各种需求。例如，通过合理的薪资管理作为保留人才的基础，再结合绩效和考核管理，可以更好地挖掘和确认员工的潜在价值和能力，为企业培养更多的新一代人才。

仅仅依赖人力进行手动管理已经显得过于缓慢，那些不能迅速获取信息及其响应的公司和人力资源管理机构都将面临被时代遗弃的风险。因此，当企业发展到某个阶段时，它们必须上线相应的人力资源管理信息系统，以满足日益增长的管理需求，帮助企业更加顺利地前进。

从公司的高级管理层到普通员工，人力资源管理的核心是所有人。管理的核心目标是确保人员与工作及组织之间的和谐匹配，强调在管理流程中各个功能的系统化，为了提升工作效率和工作量，人力资源管理采用了全方位、广泛应用计算机信息技术的方法。经验表明，全方位地执行人力资源管理信息系统更加符合企业发展的需求，并能为企业带来更高的经济效益。

（三）人力资源管理信息系统的框架模型

目前，在市场上广受欢迎的人力资源管理信息系统主要包括六大核心功能模块：组织管理、薪酬管理、招聘管理、考勤管理、培训管理和绩效管理。这些功能模块都是基于企业人力资源管理的基本原理设计的，旨在为企业的人力资源管理提供有力的支持和帮助。尽管这六个功能模块各具其独特的工作性质，但在实际运用中，它们之间存在着相互推动和联系的关系。

组织管理功能构成了人力资源管理信息系统其他功能模块的基础，并且是企业在上线人力资源管理信息系统时必须优先实现的关键功能。组织管理功能涵盖了员工管理、岗位编制管理和企业组织架构管理，这些都是员工在企业中建立自身价值和管理者对员工进行有效管理的基础。因此，企业在推出人力资源管理信息系统时，对该功能模块的要求必须是全面的。

除此之外，人力资源管理信息系统还具备流程管理和决策分析等多项辅助功能。

（四）人力资源管理信息系统的发展历程

1. HRMIS 发展的五个时代

从薪资计算到人力资源信息化，HRMIS 经历了以下五个时代。

第一代 HRMIS——20 世纪 60 年代末，随着计算机应用技术的不断发展，HRMIS 应时而生，由于功能单一，当时仅仅作为计算薪资的工具，但对人力资源管理的发展具有重要意义。

第二代 HRMIS——20 世纪 70 年代，尽管系统本身的管理功能不断增加，但仍未能系统考虑人力资源需求和理念。

第三代 HRMIS——20 世纪 80 年代末，人力资源数据实现统一管理，形成了集成的信息源，但信息化程度仍明显落后于财务管理信息系统。

第四代 HRMIS——20 世纪 90 年代末，已能够运用网络技术实现实时共享，但应用有限。

第五代 HRMIS——21 世纪初，从根本上改变了员工与员工之间、员工与企业之间的沟通方式，为企业提供了兼具人性化与定制化的管理模块和决策信息。

2. 我国人力资源管理信息系统的发展

如今，人力资源管理信息系统的技术已经日趋完善，众多的企业纷纷涌现，与此同时，人力资源管理信息系统也受到了各个行业的欢迎，其在行业中的应用也日益广泛，各种规模的企业，如地产、银行、金融、制造和服装等行业也纷纷采纳了人力资源管理信息系统。最初，大部分的人力资源管理信息系统仅被经济实力强大的大公司所采纳，但现在，像零售和快递这样的中小企业也纷纷跟进，竞相采纳和使用。为了适应各种行业独特的人事管理需求，众多的人力资源管理信息系统供应商开始根据不同行业的特点进行系统设计，使得人力资源管理信息系统从最初的多功能版本逐渐演变为更加专业化的版本。互联网的兴起为那些原先仅限于大型和中型企业的人力资源管理信息系统提供了深度渗透各个企业的机会。这一事件意味着 HRMIS 已经正式在中国落地，并进一步证实了中国是 HRMIS 最适宜种植的土地。

第一阶段是初级阶段。在市场经济刚开始普及的时期，人力资源管理仍然采用过时的劳动和工资管理方式（也称劳资管理）。在这个阶段，人力资源管理的信息化主要体现在根据上级管理机构的政策和要求，按照质量和数量编制劳动和工资计划，并按时上报相关报表和工资状况。

第二阶段是人力资源管理信息系统在企业内部实施阶段。随着市场竞争日益加剧，过去被忽视的人力资源现在受到了更多的关注。因此，许多企业都希望找到一种合理配置内部人才的方法。企业信息化管理的两大核心系统——管理信息系统（Management Information System，MIS）和办公自动化（Office Automation，OA）系统，都在不断地发展和完善，这也催生了人力资源管理信息系统的诞生。相较于早期的人力资源信息化产品，人力资源管理信息系统的最大区别在于：它不只是为了简化人力资源管理的业务流程，而是将人力资源提升到企业经营管理的战略层面，利用信息化方法使组织内的资源得到合理的配置。

第三阶段是人力资源管理信息化由企业内部向更多外部服务扩展阶段。在这个阶段，仅依靠企业内部的成长已经无法满足企业的持续发展需求，更不符合当前时代趋势的选择。外部的人力资源服务和企业提供的服务也逐渐变成了企业运营中的核心要素。

随着互联网技术的迅猛发展，人力资源的信息化已经进入了一个崭新的时期。利用互联网技术进行人力资源管理，不仅可以提升工作效率、减少开销，还能够颠覆传统的人力资源管理模式，助力企业人力资源管理工作迈上新台阶。

三、人力资源管理信息系统建设的必要性

（一）整合与集中的信息来源

在企业内部，过去与人力资源相关的信息分布广泛，致使信息来源在信息收集、整合和更新过程中导致大量的重复劳动，这不仅浪费了工作人员的时间和精力，而且其保存和检索过程也相当复杂。因此，确保所有这些信息能够及时更新

并保持一致性几乎是不可行的。试想，当政府机关、股东或高级管理机构需要一份工资报告时，他们不仅要从工资计算文件中获取最新的员工数量和名字，还要从另一份文件中获取他们的合同详情，然后再从其他文件中获取他们的年龄、生日、教育背景、性别等相关信息。如此繁重的工作量，哪里还有什么工作效率可言。如果选择使用 HRMIS，那么就可以通过一个集中的数据库将与人力资源管理有关的信息进行全方位和有机的整合，这不仅能显著减少在信息更新和检索过程中的冗余工作，还能确保信息的兼容性，从而提升工作效率，并能生成原先看似不可行的分析报告。

（二）易于访问和查询的信息库

在正式采纳 HRMIS 之前，当公司的管理层需要进行数据统计时，他们往往需要依赖某个或几个特定的人来获得这些数据。首先，你需要联系人力资源部的相关工作人员，让他们从各种电脑文件、打印稿或文件柜中筛选出必要的信息，然后进行汇总并提交。这一高度依赖于人的流程，往往因为所需的时间过长或某个人的离去而无法按时完成。一旦实施了 HRMIS，依赖于人工的流程将转变为依赖于信息系统的流程。只要企业的管理层拥有适当的权限，他们就可以随时访问系统，并直接查看相关的资料。实施 HRMIS 系统，能够获取相对全面、详尽和未经筛选的人事信息，并从这些信息中获得一些新的思考和启示，甚至有可能进一步优化企业管理流程，这样的透明度也有助于规避企业管理过程中可能出现的风险。

（三）有利于留住人才和体现公平性

众多公司在某种程度上都面临着人才的流失问题，当员工具备一定的专业能力后，他们往往不再满足于现有的工作岗位，因此更容易选择换工作。如果将员工所掌握的技能输入 HRMIS 系统中，当某个职位需要新的人才时，就可以检查公司内部是否有合适的候选人，这对公司和员工都是有益的。例如，在选拔干部的过程中，公平的原则不仅是选择合适的人才，还为员工提供了某种暗示，一个人在公司的未来并不取决于他是否能在领导面前展现自己，而是取决于他个人的勤奋和经验积累，以此激发员工的工作激情。公平性的原则不应仅仅是一个口头上的标语，它必须在制度层面得到保证，并得到必要的系统性支持，HRMIS 被认为是一种极为高效的保障和辅助工具。

第二节　人力资源管理信息系统的业务应用

信息系统设计涉及的内容范围十分广泛，不可能在有限篇幅内将它们尽数列举，因而选取了更具有指导意义的几个方面来展开论述，以期对信息系统平台设计有一个相对全面、清晰的了解。

一、人力资源规划

人力资源规划是从宏观层面视角出发，通过对组织当前的人力资源管理状况分析，进而对人力资源的信息系统进行规划设计，具体内容主要针对以下几个方面。

（一）人力资源的供给与需求

人力资源规划是企业进行人力资源配置、实行具体人力资源管理活动的前提条件。因此，企业在制定人力资源管理方案之前，必须保证人力资源的供给与需求保持应有的平衡状态，这就要求相关工作人员对这两方面的具体情况适时分析、评估。企业要首先对人力资源的供给与需求进行同步研究、预测，获得有效信息后，再根据这些信息估算未来的供求关系。

（二）人力资源管理方案的制定

人力资源管理方案的制定要求同时满足先导性与前瞻性的特征，而且在方案制定过程中需要更加注重对细节的把控与解决措施，在合理安排人力资源日常性事务的同时，逐步向既定的战略目标迈进。

（三）人力资源信息文件的保存

对于组织的规章条例、高层言论、会议记录、工作报告等相关文件，必须提供储存放置的工具，建立定期备份机制，以便拥有访问权限的工作人员进行查询、使用。

二、招聘与配置

人力资源管理部门实施招聘的整个过程一般涵盖了众多连贯性环节：明确招聘的目的与指标，拟订、审核招聘计划书，按照规划进行招聘并随时监控，收集、汇总招聘所得信息，做出评估并得到招聘结果，按照岗位、职务目录及对应的名额指标，将被录取者合理地分配到各个岗位中，同时，相关部门还应对被录取的求职者入职后的工作态度及业绩进行分析、记录。其中，招聘计划的制订应当按照当前企业的发展现状及需求以及未来企业的趋势走向，科学化、系统化地拟订、审核，包括确切的待招岗位、所属部门、所需人数、学习背景和社会实践经历要求以及企业所能提供的待遇、福利范围等。不仅如此，招聘计划中还应事先对招聘方有所安排，包括参与招聘的部门单位、具体招聘人员名单目录、招聘的时间期限与场合、资源调度等。对于招聘的实行过程，应当配备相关人员进行详细记录，在获得负责人的审核通过后，转向下一个招聘流程，有条理、有计划地完成所有招聘事项，并依照相关标准对招聘的实际效果做出评价。

三、培训与开发

企业针对员工的培训与开发主要包括所有员工的定期学习、培训以及即将入职的新员工的职场素质训练这两个方面。培训与开发相关事项、活动的安排不仅需要有关部门的配合与协调，甚至有可能还需要同其他组织合作，才能顺利地开展培训。在设计培训与开发板块时，应当着重考虑以下两个方面。

一是拟订切合实际、有效的培训开发方案。按照各部门的业务目标以及企业总体战略发展要求，将不同类型、能力不等的员工准确划分，依照他们各自的特点与弱势，并且透过系统备有的制式化培训开发方案获得相对具体的培训流程，从而制订出切实可行的培训计划。

二是培训方案的具体实行。与上述招聘方案的施行类似，相关工作人员也应当对整个培训过程中的各个要点与细节进行详细的说明与记录，同时需要获得负责人的审核批准。完成全部培训项目后，接受培训的员工有义务对培训的施行成效做出真实的评价，并提供建设性的意见，以便管理层在接收这些反馈信息后可以进一步地更正、调整培训方案，为企业今后的类似活动保留历史资料、积累经验。

四、绩效管理

参与绩效管理的有两方：一方是绩效考核管理人员，另一方则为接受绩效考核管理的普通员工。因此，在绩效管理系统中，只有相关的绩效考核管理人员方可进入绩效考核模块中，而普通员工则不具有这项权利，他们一般只能在绩效考核系统平台上参与线上考核，以及查看自己的绩效考核结果与相应的奖惩措施。在设计开发绩效管理系统时，应当采用适合的信息技术，借助有关统计分析方法，进而形成一套完备的绩效考核体系。通常来说，绩效管理系统的设计内容应当包含员工绩效考核方案的设计与审定、绩效考核方案执行的事项流程设置、绩效考核结果的正确评判标准与输出方式、绩效考核人员对考核结果的询问与申诉入口、职工反馈信息的系统界面设计与有效渠道等。

（一）绩效考核方案的拟定

一般来说，绩效考核的通用考核与评判模式有平衡计分卡，360 度绩效考核模式等。绩效考核管理根据考核对象可分为两种形式，即对职工个人绩效的审查、评定以及对各级单位整体绩效的考核。设计人员可以在系统提供的制式化绩效考核流程基础上制定一套完整的绩效考核方案。

（二）绩效考核的实行

绩效考核管理应当以既定的考核方案为指导，进而按照一定的周期性按期实施每项考核流程，最终完成绩效管理的目标。在绩效考核的实际操作过程中，最需要关注的便是绩效考核的指标与评分体系。只有明确了这两点，绩效考核才能顺利实行。因此，企业对绩效考核指标的设定以及对每一考核指标的权重分配，已成为绩效考核设计的重点与难点。在对单个员工的绩效考核中，绩效考核管理人员可以在其所要考核的时间范围内，对员工当期的表现进行管理与评判。其中，涉及员工对于日常性事务完成情况以及出勤方面的考核评价，都可采用减分计分方法，比如如果员工迟到、早退、缺勤等，则从积分总额中对应评分标准扣除一定的分数，而如果表现优异则仍给予满分。绩效考核最终的成绩还包括上级领导对员工的评价指导等，这些意见将统一转化为分数计入考评总成绩中。

值得说明的是，绩效考核总是针对某段限定期限内的员工个人或部门综合表现，其最主要的目的是通过绩效考核这种方式，发现绩效考核的职工或者单位整体在工作中存在的不足，并由人力资源管理部门指导、监督考核对象尽力改正和完善。对于绩效考评成绩优异的单位，则进行适当的嘉奖，从而激励其在今后的工作中继续发扬光大，力求实现更大的突破。

五、薪酬福利管理

薪酬与福利是企业激励员工，吸引优秀人才的一种有效措施，因此，薪酬福利管理系统在人力资源管理信息系统中占据着至关重要的地位。薪酬福利管理与其他系统应用方面（比如绩效考核管理）等联系紧密，很多的福利补贴是根据员工绩效考评结果而确定的，两者需要相互配合与协调，薪酬福利管理系统设计的重要性不言而喻。与此同时，在进行薪酬福利发放之前，指定财务部门还应该做好固定期限内薪酬福利财富总额预算安排。

（一）薪酬管理

不同职称、不同级别的企业员工享有不同数额的工资，其依据包含工龄、绩效考评结果或者特定事件的奖励等。人力资源管理部门在构建薪酬管理系统时，应当着重突出员工的等级、职位划分等，比如底薪、工龄薪酬、业务抽成、职级薪酬等，尽可能保证报酬分配的公平合理化。

（二）福利管理

福利管理系统涵盖了节日的恩惠福利、用餐补贴、通信补贴、出行补贴、居住补贴、补助性医疗保险等。该管理系统在与计算机技术、统计分析方法的配合使用下，可采用现阶段广为使用的自助型福利补贴制度，切实按照福利补贴制度中的标准，评定员工的职级，确定各个员工可享受的福利补贴目录、金额及时间期限。“自助型”指的是员工可根据自身的情况领取可选择范围内需要的福利或补贴，以此使员工体验更加完善的服务。

（三）薪酬福利的发放管理

薪酬福利发放管理系统应当采用平台接口互通、线上资源共享的兼容形式，实现同企业的财务管理系统的交互使用。该管理项目包含了企业员工“五险一金”的详细设置以及扣除税金计算后，按照已设定的发放标准分配税后薪酬福利。

六、劳动关系管理

劳动关系管理一般是由职工的个人基本信息管理以及劳动合同管理两部分组成。劳动关系管理系统适用于所有类型的员工，无论是在任的或是离职的，无论是正式员工或是实习生，其劳动关系都受人力资源管理系统的管理。

（一）员工信息管理

员工信息管理系统中主要是针对员工个人基础信息的管理操作，具体包括职工姓名、性别、出生年月、有效证件号码、政治面貌、民族、家庭情况、婚姻状况、学习背景、技能等级、联系方式、岗位职级信息等。管理系统中的员工信息可由企业统一录入或者是员工自行填写、增加、删除、更改等，但这两种输入方式都必须经过相关管理工作人员的审核、批准方可最终确认，以供员工信息在其他流程中的查询与调用。在这方面，该信息系统的操作工作一般是由职工信息管理者负责。这些职工信息管理员需要定期关注职工的调离或退休情况，并在员工信息数据库中及时更新，以支持其他信息需求者的检索采用。

（二）员工调动管理

员工调动管理指的是人力资源管理部门对企业员工在不同部门的调动指导、管理，具体可分为对员工调动方案制定的管理，对职工过去已发生或者是确定将要发生的调动、离职及退休实行的管理。所有类型的员工调动都需要由员工本人自行提出调动申请或是部门经员工本人同意后递交员工调动申请书，经过人事部门及上级领导的审核、批准，最终同意调动申请，实现员工调动。

（三）劳动合同管理

员工同企业之间的劳动合同关系管理系统有必要设置一种特定功能，即在劳动合同期满前 3 个月及时对企业与员工双方进行相关事项的提醒。

这就要求劳动关系管理系统中要实时保持完整的合同签订记录与其备份文档，只有这样，才能提供充分的依据。

七、系统管理

系统管理指的是针对信息系统平台用户的管理。以下主要介绍用户角色管理以及权限控制管理两方面的内容。

（一）用户角色管理

人力资源管理信息系统通常涵盖四种系统用户角色。

一是决策型用户。这类型用户是统筹型人才，他们往往借由其在信息系统平台上的操作获取所需要的宏观信息，从而根据企业发展现状为企业提供相应的决策或建议。

二是经理型用户。人力资源部门一般将其任务划分为子任务，并指派经理人员完成。这主要是为了提高人力资源管理的效率，使管理事务的完成更加具有目的性，预期目标实现的效果更加及时、显著。

三是普通员工用户。为了节省人力与时间，日常性事务的处理（比如人事信息在系统平台中的录入）一般由人力资源管理部门的普通员工完成，而人力资源管理部门主要负责对录入信息的审核与管理，这一定程度上达到了普通员工自助管理服务的效果。

四是专业人才用户。这类型用户一般是接受他方委托到指定模块区域内执行特定的系统流程处理，以此与其他用户之间实现更合理的分工合作。

（二）权限控制管理

权限控制是指对信息系统平台用户使用权限的规定与管控。在人力资源信息管理系统中，权限的划分依据即为上述四大类用户角色，不同的用户类型，他们各自拥有的使用权限也不尽相同。因此，在设定权限与实行权限控制管理时，相关工作人员应当有的放矢，针对不同的用户类型进行进一步的操作。

八、系统安全设计

现如今，复杂的网络环境为人力资源管理信息系统平台的搭建带来了诸多不确定因素，实际上信息系统时刻都有可能处于无法控制或者消除的巨大风险当中，因此，对于人力资源管理系统设计，安全因素成为必须考虑与重视的核心点，如何更加高效、稳健地进行系统开发与维护、降低信息系统的风险，应是该系统的研发人员面临的最大挑战。系统的保密设计可以着重从以下几个部分考量。

一是所有类型用户对系统的访问机制设计。例如，用户登录密码需调用密码器口令或者手机短信、语音验证等，系统后台据此核对、确认用户登录信息，以保证系统及用户信息的安全，同时适当增加系统用户通道间的安全接口，提高信息传送的可靠性与速度。

二是业务流程机制设计。系统设计人员在编写程序时应当反复检查，减少代码中可能存在的失误。

三是用户权限设定机制设计，具体设定不同类型用户的权限，实现技术层面的把控与管理。

四是信息保存机制设计，特别要注意重要数据或文档保存与取用，对用户提出查阅申请时要严格把关、核实，尽可能减少一切意外丢失事件、恶意破坏以及不正当使用等情况的发生。同时还需要建立系统恢复机制，这主要可通过用户日志与定期数据备份来实现。

九、系统界面设计

企业信息系统的落地使用取决于用户的使用体验，作为直接跟用户接触的操作界面，如何让用户简单、顺畅地完成相关的使用操作是关键。界面的设置不仅要满足 UI 设计的基本要求，而且要在美观度、功能性、难易程度等几个方面找到最佳的平衡点。

结合人力资源管理系统的特点和使用人群，系统的界面设计要遵循以下原则。

1. 尽量减少用户的操作步骤

同样完成一个系统中的操作，尽量少的操作步骤可以极大地提高用户体验。在设计每一个业务流程的操作方式时，都要从最简单的操作模式上考虑，让用户在最简单最直观的界面上完成操作。

2. 合理的界面信息展示

在电脑或者移动设备上使用系统时，尽量将用户关注的内容在一屏上进行展示。信息的排布并不是越复杂越好，合理的布局和简约的风格可以很好地提升界面的友好度。另外，重要的信息以特殊颜色、字体等方式进行突出展示也可以帮助用户更好地使用系统。

3. 向导式的操作流程

应用系统落地需要对用户进行大量的操作培训，特别对于终端用户的培训经常会反复进行，所以向导式的操作模式和界面可以大量地减少重复培训的工作量，让用户更简单、更方便、更顺利地使用系统。

4. 新技术的合理化运用

互联网技术的发展为传统应用系统的使用也带来了很多新思路。如模糊搜索技术可以帮助用户进行快速的查询，以往用户查询某个员工的信息需要经过选择功能模块——选择应用功能——选择信息表单——搜索员工工号或者姓名，一共四个步骤才能定位到该信息，采用模糊搜索技术只需进行一次操作就可以找到员工信息。

5. 个性化的界面设置

在终端用户的操作界面，特别是移动端的操作界面，由于用户的个性化需求越来越强烈，不同用户对于界面的风格、配色、字体以及界面的排列方式都有不同需求，适当地开发用户自定义权限，让用户可以根据自己的喜好来进行设置，如此可以兼顾用户体验和功能使用的需求。

第三节　人力资源网站建设

一、人力资源网站的类型

从广义上来理解，我们可以把与人力资源有关的网站统称为人力资源网站。按其业务种类的不同，大致可分成以下几种。

（一）人才中介服务网站

这类网站数量最多，最为常见，也是我们狭义上所讲的人力资源网站，本节就从这个角度进行介绍。其主要功能是为求职者和招聘单位提供一个发布信息的网络平台，并把这些人才供求信息集中起来，帮助个人寻找合适的职位，帮助招聘单位找到优秀的人才。

（二）人力资源管理咨询网站

这类网站一般由管理咨询企业或专业的人力资源管理咨询企业创建，旨在帮助企业或其他机构进行人力资源问题的诊断，提出完整的人力资源解决方案。他们一般拥有高水平的人力资源专家团队，能够对企业和各类组织进行系统的人员培训，促进内部沟通、融洽团队关系、挖掘员工潜力、提高组织凝聚力、增强团队竞争力。

（三）人力资源管理经验交流网站

这类网站一般实行会员制，有企业会员和个人会员，主要通过举办人力资源界的专业论坛和各类沙龙活动，为人力资源专家、人力资源从业人员和企业提供一个互动交流、沟通的平台。推动优秀人力资源管理理念和管理技术的研究与传播，促进科研成果向生产力转化。

（四）个人求职网站（页）

事实上，把这类网站或主页称作人力资源网站稍显牵强，但我们如果从广义上来理解人力资源网站，把它们划进来也未尝不可。这类网站是求职者为了让更多用人单位全面了解自己的情况而设计的。一个制作精美的个人求职网站往往能体现求职者具备相当高的计算机综合处理能力，包括文字处理能力、图像处理能力及信息综合处理能力。用人单位根据个人网站的制作情况，便可对其能力做出初步的评判。求职者把其个人网站放在网络上供用人单位随时调阅，可大大提高求职的成功率。

以上只是对人力资源网站进行一个粗略的划分，事实上，现在的人力资源网站基本上不会再局限于某一项业务。随着社会经济的发展和互联网应用范围的扩大，人力资源网站的业务范围也在不断拓展，尤其上面提到的前三类人力资源网站，呈现不断融合的趋势。对于一个人力资源网站，我们已经无法辨别它具体是提供哪一类服务的人力资源网站了，往往只能从主营业务上区分其是侧重于哪一类服务的人力资源网站。因为其往往经营多种与人力资源相关的业务，提供一整套的人力资源服务，并且不断创新，不断拓展新的业务种类，以尽可能争取更多盈利点。这是现在人力资源网站发展的一个新特点，也是其未来发展的一个趋势。

二、人力资源网站的规划与建设

一个人力资源网站在建立之前，一定要做好一系列详细周密的筹划和准备。这个过程就是人力资源网站的前期规划，主要从以下几个方面进行介绍。

（一）人力资源网站的目标规划

不同类型和不同规模的网站所需资源不同，所以在构建一个人力资源网站之前一定要有一个大致的目标，基本确定招聘网站应该具有的功能和规模。目标规划就是要通过市场调研，了解网站服务对象及他们的需求，从而明确网站服务领域，进而确定网站的服务种类及服务形式。

1. 市场调研分析

所谓市场调研，就是对商品和服务市场相关问题的全部数据进行系统设计、搜集、记录和分析的活动过程。这一过程包括：首先要确定说明问题所需的信息，然后设计收集信息的方法，监测和执行数据收集的过程，再对收集到的信息进行分析，最后得出相应的结论。通过调研，充分掌握各种市场信息，尤其是目标顾客和竞争者的信息，从而为组织制定经营决策提供依据。可见，市场调研在现代企业竞争中扮演着重要的角色，它把产品或服务的供求双方通过信息联系起来。所以，现代企业在生产产品或提供服务之前，都会对市场进行全盘的了解及调研，然后进行生产或推出服务，这样才能使产品或服务的供给和需求达到紧密无间的配合。商务网站当然也不能例外。

为了全面理解上述定义，需要重点把握四点：①市场调研是一个动态过程。②市场调研的结果可以是直接的市场调查数据，也可以是最终的市场研究报告，在日常工作中后者往往居多。③市场调研必须根据明确的调查目的，采取特定的方法和手段，以保证调查结果的客观性和准确性。④市场调研的主要功能是为处在动态市场竞争环境中的企业组织制定经营策略提供依据。

笼统来讲，市场调研的目的就是了解市场需求，以此为导向，进行经营决策。归纳起来，大概有以下几个方面。

（1）竞争分析。分析比较消费者对企业与其他竞争者所提供的商品、服务的接受程度。就一个人力资源网站来说，可以调查目前的人力资源网站所提供的各类服务。例如，有的网站提供免费的人力资源管理相关书籍、报刊的在线阅读，还可以让读者进行评论和讨论等，并可以根据这些调研结果，确定自己网站的特色服务。

（2）潜在需求分析。挖掘用户的潜在需求，对现有的产品或服务进行改良、创新。这样可以让企业获得竞争上的优势。商务网站要做到这一点，首先，网站硬件要经常升级换代，使用户进入、退出更加迅捷方便；其次，网站内容要及时更新，让用户感受到信息的有效性，并且网站界面做得越方便越好，这样才能使用户保持新鲜感，不会厌倦。

（3）新产品市场开拓分析。一种新的产品、新的服务推向市场后，需特别注意该产品或服务的创意，并且广泛地将它介绍给大众。一个人力资源网站在向客户推出某项新的服务时，最好同时建立对该服务的意见反馈渠道，以了解客户的想法和意见，以便日后改进。

总之，对商务网站的市场调研应当主要集中在两点：①调查目前在网络中有多少家与你的产品服务相类似的商务网站，网站架构怎样、如何布置网页、市场的推广策略如何。②调查网站目标顾客对该类网站的期望、需求、意见和建议等。

2. 人力资源网站的服务种类

通过市场调研，知道了目标顾客的需求，然后就要提供相应的服务，以满足客户的这些需求。人力资源网站的功能主要通过网页平台而实现，这就要求网页设计风格整体统一、色调一致、栏目清晰明了，使访问者能够方便地在各栏目间切换，同时又能使访问者浏览简便，能够方便地找到所需的栏目及信息。

结合用户需求分析，人力资源网站即招聘网站需要具有以下基本功能。

（1）发布国家及地区人事方面的政策和动态。

（2）发布人才招聘启事。

（3）求职人才的登记、注册和信息发布。

（4）对人才简历进行分类、整理，提供查询和筛选。

（5）人才市场中介服务（包括猎头业务）。

（6）提供人力资源管理、配置研究及招聘解决方案。

（7）从事网上人才招聘、洽谈活动。

（8）进行就业的咨询、评估和指导。

（9）进行人才素质测评和智力开发服务。

（10）开展网上人才培训。

（11）开展与发挥人才市场功能有关的调查工作（如薪金调查、职位调查与分析等）。

（12）开设人才人事论坛。

现在的人力资源网站要想在激烈的市场竞争中站稳脚跟，必须具备以上这些基本功能。而且这种全方位综合的人才市场服务方式具有广阔的发展前景。

人力资源网站除了应具备以上基本功能外，还可根据自身网站的特色，通过提供一些个性化的服务来吸引客户，以提高网站知名度。例如，提供面向客户的网络化招聘管理系统等。

3. 人力资源网站的服务形式

（1）信息发布形式

人力资源网站对招聘单位的信息和求职者的个人信息应采取不同的开放程度，有关用人单位的信息应尽可能地公开、透明，有关个人的信息则可根据个人的要求分为公开（对所有用人单位公开）、半公开（只对人才网站公开）和不公开（只用于网上发送简历）三种形式，并有相应的保密措施和技术支持。

利用公众信息网络发布人力资源信息，应当按照国家有关规定对信息的真实性、合法性、时效性进行审查；不能提供虚假信息，进行虚假宣传；不能抄袭、剽窃、盗用、复制其他网站制作的页面和发布的人才信息。

（2）免费、收费服务

所有人才网站对求职个人实行免费服务，包括求职个人的注册登记、个人邮箱、职位查询、发布求职信息、预定职位等。对用人单位的服务分为收费和免费两种。收费的服务项目主要包括发布人才招聘启事、查询人才简历、提供中介服务、人事规划和人事诊断等。

利用人才网站从事服务和运作，主要有两类形式：第一类以网上服务为主，辅之以网下服务。其特点是投入大、影响范围广、信息多、功能全，但风险较大，收效慢。第二类以网下服务为主，网上服务为辅。网站作为宣传和信息收集、发布的工具和渠道。其特点是知名度相对小，信息量小，投入少，但运作起来风险小，经济效益较好。

（二）建站可行性分析

可行性是指在当时的具体条件下，信息系统的研制工作是否已具备必要的资源及其他条件。创建网站之前的可行性分析工作很多，包括是否有能力提供和更新 Web 页面内容，人员的组织，软硬件的选择，Web 页面的维护和测试，域名的注册，ISO 认证内容的选择，信息的收集，Web 连接组织和维护，搜索引擎的注册，防火墙的设置，根据 Web 服务器的访问记录寻找新的商机，确定 Web 站点需要提供哪些交互式应用，安排人员回答用户的网上咨询，数据的选择，Web 页面发布策略，教育培训计划等。

针对这些任务，企业应该根据自己的实际情况确定哪些需要纳入实施计划，以及每项任务的时间、费用和人员安排。

网站建设的可行性分析主要包括管理可行性分析、技术可行性分析和经济可行性分析三个方面。

1. 管理可行性分析

管理可行性分析主要是指网站建设中所需要的人力资源，即组织人员可行性分析。其中重要的一项工作就是进行组织结构调查与分析，确定哪些人员应该参与网站设计，这取决于网站的本质。如果仅是企业对某个部门或小组在建网时起领导作用，其结果是所建网站只能反映这个部门或小组的需要而忽略其他重要部门或小组的需要。很长时间以来，管理信息系统（Management Information System，MIS）部门负责企业的网站建设工作。这样的网站功能有一定的局限性，它容易忽略其他重要部门，比如市场部。因此，在网站建设中必须防止此类事件的发生。除了相关的业务部门主管和技术核心人物外，最为重要的莫过于主要的业务合作伙伴。企业必须让用户参与网站的建设过程，倾听他们的意见，保证从始至终地与他们相互沟通。

2. 技术可行性分析

技术可行性分析主要是指构建与运行电子商务网站所必需的硬件、软件及相关技术，是对电子商务业务流程的支撑分析。

（1）分析可选择的电子商务技术

随着信息技术的发展，电子商务技术也在不断地更新，支持着电子商务的应用。下面介绍几种最适合电子商务应用的领域。

①电子数据交换（Electronic Data Interchange，EDI）技术。以报文交换为基础的数据交换技术推动了世界贸易电子化的发展。在电子商务中，EDI 技术不仅用于单证和贸易文件的交换和传递，而且可以将结构化数据集成应用到客户关系管理（如使用客户订单来安装产品）、与供应商及合作伙伴的商务交易等方面。

②条形码技术。在电子商务中，该技术主要用于各种商品的迅速判定和识别，以及客户身份的迅速判定与识别，并将这些数据信息集成到其他模块中。

③电子邮件。在电子商务中，应用电子邮件技术可以为企业内部员工、客户及合作伙伴等提供实时信息交流、自由论坛、信息查询和反馈平台。尤其是通过附加文档（attachment）技术不仅可以共享复杂的信息，加快信息的交流与共享，而且使远距离的写作更加方便快捷，缩短了信息传递的空间距离。

④万维网（WWW）技术。WWW 技术的应用是基于 Internet 的应用，基于 Internet 的应用主要有信息发布、信息浏览、信息查询和信息处理；基于 Internet 的应用主要有信息发布、信息检索和信息处理。通过企业形象、产品、服务等信息的发布，达到宣传企业、推广其产品和服务的目的；通过信息的查询和检索，还可以使用户从大量的商品数据源中检索到所需要的信息，以方便实现电子化交易。

⑤数据仓库和数据挖掘技术。在电子商务中，数据仓库和数据挖掘技术主要用于各种大量复杂数据信息的存储与分析，提高数据处理的效率，降低企业信息成本，协助企业发现商务交易汇总存在的问题，寻找所展现出来的未来竞争机会，为企业战略决策提供服务。

⑥电子表格技术。在电子商务中，电子表格技术可以更好地以一种规范的格式管理有关的交易数据，在涉及许多人同时完成不同的任务时可以跟踪整个过程，将人工输入数据同机器本身具有的数据集成起来，通过 WWW 技术和内部系统促进电子商务的实施。

（2）技术的选择与企业原有技术或系统衔接程度的分析

当企业决定实施电子商务并构建网站时，就需要分析与确定可以满足企业业务需求的各种技术的可行性。添置硬件系统和选择电子商务技术的原则应以与企业原有技术的衔接程度和提高企业业务能力为基准，同时需要考虑技术对电子商务网站功能实现的可支持程度。如果企业原有的技术运作良好，那么在原有的商业或技术的基础上开展电子商务无疑可以节省大量财力、物力和人力。例如，一个人才市场已经拥有一个数据结构合理、系统功能完备的人才数据库，那么该人才市场在构建人力资源网站时就可以充分利用该数据库系统，考虑原有硬件的兼容性，将其作为网站后台的基础数据库，在技术的选择上只要添置用于 WWW 浏览查询、邮件服务与 CA 认证服务的软硬件就可以保证网站的运行。

（3）技术的选择与利用对于网站功能实现的支持分析

电子商务网站构建的目标决定了网站的功能，目标层次越低，网站的功能就越简单。对于一个人力资源网站来说，如果其目标仅仅是为招聘单位和求职者提供信息发布平台，那么网站的主要功能是发布和浏览信息，只需要选择满足 WWW 服务的软硬件技术就可以达到目的。但如果其目标是让用人单位与求职者都能够方便地找到自己需要的信息并进行互动交流，而且能够让人力资源管理人员之间进行网上互动交流，那么网站的主要功能就更复杂些，主要包括信息发布、信息浏览、信息检索、信息反馈、网上支付、网上认证等，在技术的选择上要充分考虑对这些功能实现的支持程度，需要配备包括 WWW 浏览器、数据库服务器、邮件服务和认证服务器、防火墙/代理服务器、中间组件、客户操作系统和网络服务操作系统、商务应用系统等在内的软硬件。

3. 经济可行性分析

经济可行性分析主要是指构建和运行网站的投入与产出效益的分析。

（1）网站费用

建设一个好的网站，必须有大量的资金投入。有许多网站因为费用预算的失误而被迫在刚刚起步不久就停滞不前。他们或者是低估了所需费用，或者是把资金浪费在某些不重要的部分，因此网站建设费用的估算也是非常重要的。我们可以把网站的建设费用分为两大部分：正常的运行费用和维护及更新费用。

①正常的运行费用。正常的运行费用主要包括域名注册费用、线路接入费用和合法 IP 地址费用、服务器硬件设备费用、系统软件费用、开发费用和网站的市场推广与经营费用等。

域名费用。注册域名之后，每年需要缴纳一定的费用以维持该域名的使用权。不同层次的域名收费也不同，目前普遍使用的费率是：国内域名每年约需人民币 300 元；国际域名的费率随注册服务商的不同而有所不同，可以直接向服务商询问价格。

线路接入费用和合法 IP 地址费用。不同 ISP、不同接入方式和速率的费用有所差异，速率越高，月租费也越昂贵。IP 地址一般和线路一起申请，也需要交纳一定的费用，具体费用请询问本地 ISP 服务商。

服务器硬件设备。如果是租赁专线自办网站，还需要路由器、调制解调器、防火墙等接入设备及配套软件，采用主机托管或虚拟主机则可以免去这一部分的接入费用。

如果进行主机托管或租用虚拟主机，那么可能要支付托管费或主机空间租用费。托管费一般按主机在托管机房所占空间大小（以 U 为单位，通常是指机架单元）来计算，空间租用费则按所占主机硬盘空间大小（以 MB 为单位）来计算。在很多情况下，主机托管或虚拟主机的维护费用包括了接入费用，因此就不需要再另外支付接入费用了。

系统软件费用。包括操作系统、Web 服务器软件、数据库软件等。

开发费用。软硬件平台搭建好之后，必须考虑具体的 Web 页面设计、编程和数据库开发费用。

网站的市场推广和经营费用。包括为各种形式的宣传活动所支付的费用、为内容的授权转载而付出的费用以及其他在网站经营过程中所付出的额外费用等。

②维护及更新费用。维护及更新费用主要指网站建成后期的平台维护及内容更新所发生的费用。网站的维护是个长期的过程，一些单位只考虑购买设备的费用，每年的维护费用却没有预算在内，结果出现买得起，用不起的局面。网站实际发生的正常运行费用是有限度的，但要维持一个网站，维护及更新费用却是无限的，最重要的一项是内容更新费用。一个网站办得好不好，关键在于内容更新

的频率、知识含量的高低以及免费服务的项目，这部分费用是很昂贵的。目前，我国网上对知识产权的保护还很薄弱，这方面的管理加强后，发生的费用还要高。

（2）网站收益

电子商务网站收益是指来源于网站运营的经济收入。目前，电子商务网站的收益途径主要有直接收益、间接收益和品牌收益。

①直接收益。直接收益是指电子商务网站通过网络运行一段时间后，所产生的经济效益。与传统的商业经营相比，网站的直接收益主要通过在线销售、网上信息和服务获取。

②间接收益。这类收益是指电子商务网站通过其相关业务而获取的收益。网络是一种高效的信息发布、信息处理和交流的工具，它渗透到社会经济和生活的各个方面，电子商务网站对相关业务的积极影响可以视为一种收益。目前，在电子商务网站的收益中，间接收益的比重较大，例如，企业的网站宣传推介、网上采购和推销、业务推广、业务组织、经营管理等都属间接收益。

③品牌收益。网站的品牌收益是电子商务兴起初期的一个特点。不少电子商务网站把知名度、点击率作为网站运营的目标。与其他收益相比，品牌是一种更间接的收益方式。品牌既对网站有影响，又不能脱离网站的内容和功能而独立存在。由于网络行业自身的特点，其信息透明度很高，品牌相对其他传统行业的作用较低，因而电子商务网站的品牌收益实际上更多地取决于网站的内容和功能。

（三）建站方式的选择

随着网络技术的高速发展，基于网络技术的应用日益增多。一方面，新技术的应用改变着人们的日常生活和工作模式；另一方面，新技术的不断发展为最终用户建设、使用、维护、运营带来困扰，使最终用户无法将主要精力集中在自己的核心业务上。同时，网络时代对时效的要求愈来愈严格，使最终用户对提高网络系统的维护运行水平的要求也愈加强烈，并对建站方式产生了很大的影响。

1. 建站方式

企业或组织在 Internet 上建立适合自己需求的网站有“自主建站”和“服务外包”两种方式。

（1）自主建站

自主建站就是建立网站所涉及的诸如接入、内容、商务、维护等各个方面的问题，均由企业或机构自行考虑和解决的一种建站方式。

（2）服务外包

服务外包就是把企业的网站放到一个 Internet 服务提供商的机房。客户通过租用 Internet 服务商的服务器和带宽，并借用 Internet 服务商的技术力量，根据自己的要求完成所有软硬件配置的建站方式。

Internet 服务商提供的服务主要包括：网站寄存、客户服务、网站管理、监控与维护、内容策划、推广服务、网上出版、电子商务服务和网上商场等，同时也包括一些属于在线服务的项目内容。

随着网络资源服务市场的日益成熟，“服务外包”现在主要有：虚拟主机、整机租用和服务器托管等三种方式可供选择。

①虚拟主机。依托于一台服务器（计算机），多个网站可以在这台服务器上共享各种资源（如硬盘、CPU、内存等），每一个虚拟主机方式的网站都有独立的域名和 IP 地址（或共享的 IP 地址），各自均具有完整的 Internet 服务器功能。一台服务器上可以同时运行几十个乃至几百个虚拟主机方式的网站，这些网站在同一个硬件平台和操作系统上，运行着不同的网站用户服务程序，在外界看来互不干扰，每一个“虚拟”主机和一台独立的主机表现完全一样。据统计，目前 Internet 上超过 90%的网站采用的都是虚拟主机方式。其特点包括以下几个方面：建立网站的费用相对低廉；建立网站的企业不需要网站系统维护人员；对网站的建设要求相对简单，网站的建设规模不大；对网站的实时交互应用要求不高；对网络带宽的要求不高，允许多个网站共享同一带宽；对网站的安全性、可靠性、可扩展性、实时更新的要求不高；由于多个网站共享一台服务器资源，许多功能和属性在使用时受到了限制。虚拟主机的方式能够满足诸如小型商业企业、社会团体以及任何相对简单的网站建设需求。

②整机租用。整机租用是一台服务器（计算机）只能被一个网站用户使用，并且由网络资源服务商替代用户进行管理维护。

③服务器托管。服务器托管是客户把一台服务器（计算机）放置在网络资源服务器的中心机房，由网站用户自己进行维护，或者委托他人进行远程维护。采用服务器托管或整机租用方式，其特点包括：网站的成本相对较高；配备有网站系统维护经验的专家；对网站建设的需求相对复杂；对网站的实时交互应用要求高；对网络带宽要求高，一般只允许一个网站独占带宽或与少数几个网站共享带宽；对网站的安全性、可靠性、可扩展性、实时更新的要求高；只有一个网站独占服务器资源，网站在功能和属性上的特殊要求能够得到满足；对大型网站还可提供镜像技术、流量均衡分配技术等技术支持。选择服务器托管或整机租用方式，对致力于发展电子商务的企业和提供各种互联网服务的企业无疑是明智之举。采取这两种方式可以使自己的网站获得良好的主机环境，可以对网站发生的各种情况及向访问者提供的各种服务进行全方位的实时控制。

2. 网络服务提供商的选择

（1）网络服务提供商简介

网络服务提供商（Internet Service Provider，ISP）是互联网服务提供商的简称，是指专门从事互联网接入服务和相关技术咨询服务的企业，是众多企业和个人用户进入 Internet 空间的驿站和桥梁。ISP 服务商通过自己拥有的服务器和专门的线路 24 小时不间断地与互联网络连接；当企业需要进入 Internet 时，只要先通过电话网络与 ISP 端服务器连接好，然后就可以与全世界各地连接在互联网上的计算机进行数据交换。

根据经营业务的不同，ISP 有很多类型：一是“拨号 ISP”，它们从事“多点现场服务”（Many Points of Presence），通过调制解调器从一个服务器拨号接入 Internet；二是“后端 ISP”，它们从事网络服务器服务，通过服务器的高速数据缓冲储存器（Cache）向大量用户提供经常性接入信息服务；三是“前端 ISP”，从事高效的接入服务，并通过服务器的高速数据缓冲储存器向局域网用户提供服务。

实际上，ISP 的服务应该包括接入服务（Internet Access Provider，IAP）和信息内容服务（Internet Content Provider，ICP）两个方面。IAP 是指专门从事为终端用户提供网络接入服务和有限的信息服务提供商；ICP 是指那些在互联网上提供大量丰富且实用信息服务的服务提供商，它允许使用专线上网、拨号上网等各种方式访问自己的服务器，为用户提供全方位的信息服务。随着经营范围和内容的拓展，IAP 和 ICP 的有机结合是今后发展的重要方向。

许多大型的 ISP 为客户提供的是一站式专业外包服务和完整的电子商务解决方案服务，其中包括企业接入、主机托管、虚拟主机定制租用等基本电信服务；网络安全、网络加速、储存备份、网站监控等管理服务；企业网站规划、网站建设、网站营销、网站集成等专业服务。ISP 可以为企业创建一个完整的网络营销环境，如电子商务网站建设包括域名注册、网站风格设计、网页设计、电子邮件、广告管理系统设计、统计分析系统设计、产品发布系统设计、搜索引擎系统设计等。电子商务网站维护包括网页的增加和维护、网络安全服务、数据备份、网络加速服务和网站监控服务等。

收费标准会因 ISP 的品牌、规模、技术实力、知名度不同而差异较大。一般规模大、技术实力强、知名度高的 ISP 提供的服务有保证，但是收费也会高些。但随着进入 ISP 行业的企业数量的增加，这方面的市场竞争也会越来越激烈，服务的价格也会变得越来越灵活。

（2）ISP 的选择

选择 ISP 是很重要的，会直接影响到 Web 站点的成功。有些 ISP 尽管价格低廉，但可能导致 Internet 链接的速度很慢，访问企业页面时，打开页面的时间会很长，而访问者不可能久等，就会终止访问。如果所选择的 ISP 服务不可靠，即使花再多的时间，也访问不到企业页面，这就会影响访问企业页面的人数，使顾客满意度下降。因此，在选择 ISP 时，必须慎重，应该考虑以下几个方面。

①必须提供完善而且系统的售前、售后培训服务。ISP 解决企业上网的实际问题，为企业做好网站框架设计、网页设计、人员设定等准备工作。没有此服务的 ISP

将只能提供资源，而这种服务是不完善的，不利于企业上网经营，充其量只是一个有域名的网站而已，这对于企业进行网上经营的初衷而言是没有什么意义的。

②必须能直接或间接提供强大而稳定的电信上网服务。无论是 DDNJSDN 等专线服务，还是简单的电话拨号服务，ISP 必须帮助企业网站借助电信资源获取稳定的高速接入。

③必须是具备权威资质的域名代理机构。在网上 24 小时为企业注册网上商标——域名，并形成多年的延续性服务。针对企业级用户，不仅价格要具备竞争力，最主要的还要有一套完善的服务体系。

④能够根据企业的需要，为企业量身打造网上企业。能为企业提供虚拟主机服务、性能价格比合理的网站空间、网站电子信箱服务、域名自动指向等一站式购买的一体化服务，并提供多项免费服务，例如自动域名注册（网上自助，只有注册费，无手续费）、域名解析（更换网络服务器）、多域名指向（多个域名指向同一个磁盘空间）和免费网页制作等。

⑤能够为企业提供电子商务的后台支持解决方案。为企业提供成体系的技术外包服务，包括各种有助于企业网上经营的支付、配送等通信手段，以此带动企业网上商机的有效互动。能够为企业提供一系列安全可靠的网上商务运作工具，以确保企业各项核心业务的数据处理运营稳定无差错。

⑥能够为企业提供有效而且超值的网站宣传。这些宣传包括 ISP 自身的门户级网站主页宣传，数百家搜索引擎链接宣传，以及提供在百万级企业广告互换平台上进行宣传的解决方案，性价比高，服务到位。

（四）域名的选择与注册

1. 域名的选择

域名是一个网站在 Internet 上的标识，是企业的网络商标。虽然用户可以通过 IP 地址来访问每一台主机，但是要记住那么多的数字串显然非常困难，因此产生了域名。域名由若干层组成，按照地理或机构分层，各层之间用小数点分开。一个完整的域名，从右到左依次为最高域名段、次高域名段和主机名，例如“招聘网”的域名为 zhaopin. com。域名前加上传输协议信息及主机类型信息就构成了网址。选择一个好的域名是一个网站成功经营的开始，因为网站的每一个客户都是通过域名被引导到网站上的，因此一个好的域名对人力资源网站来说是非常重要的。

域名就好比互联网上的商标和品牌，是一笔无形的资产。域名也是进入互联网给人的第一印象，当客户看到一个网站的域名时，就应该让他联想到网站的品牌、产品。而且它具有全球唯一性，因此它的价值可能会高于传统的名字、商标。所以，建立网站的第一步，就是给网站起个好名字。

确定域名时，要选择有显著特征和容易记忆的单词，能够给人留下深刻的印象。一个好的域名往往与单位信息一致，比如单位名称的中英文缩写、企业的产品注册商标、与企业广告语一致的中英文内容、比较有趣的名字等，如 hello、yes、168、163 等。

拥有一个好的域名就意味着有了成功的开端，但在选择域名时，如果有多个域名，可采取多域名策略，即同时推广几个域名，在对主要域名注册的同时，有必要对和自己主要域名相关的域名进行注册，即使有些域名根本就没有投入使用。

（1）为了避免与其他网站混淆

域名后缀“.com”或者“.net”的域名分属不同所有人时，很容易造成混淆，例如网易与 163 电子邮局就是这种情况，许多网民并不了解 163.net 和 163.com 归不同的网站所有，因而才会出现当 163 电子邮局无法登录时用户抱怨网易的现象。如果一个域名为两家竞争者所拥有，可以想象将造成多大的混乱，对双方都将产生不利的影响。

（2）保护品牌名称或者注册商标

一个企业可以拥有多个商标名称，企业名也可能与商标名不一致，因此，除了以企业名称申请域名外，还可以为每个商标名称申请一个域名。由于现在域名的长度可以多达 67 个字符，因此，除了注册较短的企业名称缩写的域名外，还可以注册一个企业完整名字的域名，让顾客可以根据企业名称想象到网站域名。

对于知名企业或网站来说，由于域名被抢注的可能性更大，往往需要注册更多的域名作为保护。

2. 域名的注册

选择好域名以后，就应该马上进行注册，要知道域名的注册是遵循先申请先注册的原则，没有预留服务。因此，我们在选择了一个合适的域名之后，要根据相应的注册程序马上注册。

（1）选择域名注册服务提供商

提供域名注册服务的服务商很多，应该选择具有一定经营规模并且能够为用户提供便捷服务的站点，比如 www.cnnic.net、www.net.cn 等。

CNNIC（中国互联网络信息中心）是成立于 1997 年 6 月 3 日的非营利的管理服务机构，行使国家互联网络信息中心的职责。CNNIC 的主要服务有：注册服务、域名注册、IP 地址分配、自动系统号分配等。

中国万网（www.net.cn）一直专注于我国网络体系建设，是我国最大的域名注册和网站寄存服务提供商。万网先后帮助客户注册中英文域名近 60 万个，为十万多家企业提供快速、稳定、安全的网站和邮箱托管服务。

（2）域名注册流程

这里选择万网作为域名注册商。注册一个域名前，需要进行域名查询，用来判断选择的域名是否可以使用，首先登录 www.net.cn 的主页。如果申请的域名已被注册，则视为发生了域名冲突。一般解决冲突的办法是换一个相近的名称，或是在申请的域名中加入一些字母等，也可以选择其他可用的域名。如果用户想要注册的域名还没有被注册，这时你就可以进行注册了。单击立即注册，进入填写注册表单页面，相关信息填写完成后，要求用户核对信息，如果确定所填信息无误，即可提交，然后根据要求交纳域名使用费，通常采用网络支付或者汇款等方式。完成以上几步，域名注册工作就全部完成了。

（五）人力资源网站设计

人力资源网站设计包括内容设计、结构设计和页面设计。

1. 网站内容设计

商务网站作为在 Internet 上展示企业形象、企业文化、进行商务活动的信息平台，其内容的设计是一项重点，它最直接地影响到一个网站受欢迎的程度。

（1）商务网站内容及功能的确定

任何一个网站的内容都应该有静态和动态之分，人力资源网站当然也不例外。

网站的静态内容是指网站内容中相对不变的部分，像网站的名称、标志等，其主要作用是维持整个网站的风格，使网站访问者能够在一个熟悉的环境下浏览网页的内容，这也是维持网站形象的一个重要手段。一个网站形象的塑造是需要很长时间的，网站形象是网站的重要资源。因此，为了保持网站的形象，对网站的静态内容一定要有详细、周密的计划。当然，网站的静态内容只是相对静态的，并不是一成不变。但是这种改变只是在保持原有风格的基础上，对页面内容的布局做一些调整和修改。这样，网站的整体风格没有变化，但页面也许会比以前更好看，会给人耳目一新的感觉。另外，一些不经常改变的页面也可以称为网站的静态内容，例如企业简介、联系方式、帮助信息、版权信息等。这些内容基本上是固定的，因此可以采用静态页面来实现，这些页面通常很少更改，或者是只更改少量内容。

网站的动态内容是网站内容的主体，整个网站的价值就体现在这里，因此网站建设者必须重视这部分内容。网站的动态内容是网站经常更新的内容。一个网站建设者，应该了解哪些内容属于网站动态内容。例如，人力资源网站上的业界新闻、求职信息、招聘信息及论坛等就极具时效性，这些作为动态内容都很好理解，新闻不及时更新就不能称其为新闻。求职招聘信息也一样，会很快失效，需要新的信息去替换它，否则网站就会失去访问者。论坛则更加明显，里面的文章以及回应都是不断变化的。所以要提高访问者的兴趣，及时更新网站的内容是必不可少的。

（2）商务网站内容设计的基本原则

①提供的内容要新颖、精辟、专业。商务网站的目的是通过提供一定的内

容，根据这些内容进行电子商务活动，获取收益。而用户访问网站的主要目的是寻找自己感兴趣的信息。因此，企业要提高其电子商务网站的点击率，提高企业的效益，就必须先在网站的内容上多下功夫，提供的内容要新颖、精辟、专业、有特色。内容设计要有组织，形式与内容要和谐统一。同时网站的内容还要及时更新，网页的内容应是动态的，只有内容不断更新，才能长期吸引浏览者。

②注意网站的运行速度。很多人在网站设计的过程中，过多地使用各种网页设计技巧，而忽视了网站运行速度的问题。因此必须缩短用户得到他们所需要信息所花费的时间。太长的下载时间和缓慢的 Web 查询只能令客户望而生畏，他们将中断访问或不再访问你的站点。因此，在设计与组织页面内容时，我们应注意如下一些问题。

第一，避免使用太大的图片。在页面中尽量避免使用太大的图片，如果必须使用，可事先在图形优化软件中进行分割、优化，然后在页面中使用。还可以使用压缩软件，在尽量保证图片质量的前提下，获得体积最小的图片。

第二，不要滥用尖端技术。网站设计的新技术层出不穷，在页面中要慎重使用尖端技术，因为用户永远是为信息而上网的，毫无节制地在客户面前卖弄新的视觉技术，其效果只会适得其反，不仅分散用户的注意力，还会增加网页的下载时间。

第三，方便用户访问和使用。一个电子商务网站合理地组织自己要发布的信息内容，以便让消费者能够快速、准确地检索到要查找的信息，是其内容组织成功的关键。当用户进入一个网站后如果不能迅速地找到自己要找的内容，那么这个网站就很难吸引住浏览者。因此，有必要将一些信息进行分类，并提供对各种信息入口的检索功能。要尽量减少用户在购买过程中出现的干扰信息（如广告等）；要为用户提供个性化的服务，与用户建立一种非常和谐的亲密关系；要尽可能地考虑客户的需求，为他们提供更周到、更完善的服务。同时，网站要有一定的交互能力，如采用留言簿、反馈表单、在线论坛等方式以方便用户与企业网站进行信息的相互交流，加强企业与客户的联系。

2. 网站结构设计

对于一个内容丰富的网站，需要设计的栏目很多，要求对网站的结构进行认真的分析和设计。一个合理的、符合逻辑的网站结构无论是对网站的建设还是网站以后的管理、维护都是大有裨益的。

（1）目录结构的设计

目录结构又称物理结构，它解决的是网页文件在硬盘上的存放位置问题。站点的目录结构是否合理，对站点的创建效率会产生较大的影响，但更重要的是对于站点本身的上传维护、未来内容的扩充和移植也会产生很大的影响。所以说网页文件无论放在哪里对访问者虽没什么关系，但是站点管理员必须要清楚地知道每一个网页文件的位置。比如说，如果网站的所有网页文件都放在同一个目录下，一旦文件很多时，就很难区分哪些是属于同一个栏目的，更新起来就特别麻烦。下面对建立目录结构提出一些建议。

①不要将所有文件都放在根目录下。有些网站设计者为了方便，将所有文件都放在根目录下。这样做会造成以下不利影响。

第一，文件管理混乱。常常搞不清哪些文件需要编辑和更新，哪些无用的文件可以删除，哪些是相关联的文件，从而影响工作效率。

第二，上传速度慢。服务器一般会为根目录建立一个文件索引。当你将所有文件都放在根目录下时，即使只上传更新一个文件，服务器也需要将所有文件再检索一遍。很明显，文件量越大，等待的时间也将越长。因此，建议尽可能减少根目录的文件存放数量。

②按栏目内容建立子目录。子目录的建立，首先按主菜单栏目建立企业站点。其他的次要目录需要经常更新的栏目，可以建立独立的子目录。而一些相关性强及不需要经常更新的栏目，如关于本站、站长、站点经历等，可以合并放在一个目录下。所以程序一般放在特定目录下，便于维护管理。所有需要下载的内容也最好放在一个目录下。

③在每个主目录下都建立独立的 Images 目录。将图片及资源文件都放在一个 Images 目录下，可以使目录结构更加清晰。但是也不要只在根目录下建一个 Images 目录，然后将所有的文件图片都放在里面，这样对于目录层次比较深的页面来说，管理图片就很不方便。最好在每一个主目录下都建立一个独立的 Images 目录。

④目录的层次不要太深。目录的层次建议不要超过 3 层。原因很简单，为了方便管理。

⑤不要使用中文目录名。因为站点是对 Internet 所有用户开放的，所以要保证使用非中文操作系统的客户也能正常访问站点。对于目录名，最好都使用英文。

⑥可执行文件和不可执行文件分开放置。建议将可执行的动态网页文件和不可执行的静态网页文件分别放在两个目录下，然后将存放可执行网页文件的目录设为不可读。这样做的好处是可以避免出现动态文件被读取的安全漏洞。

（2）链接结构的设计

电子商务网站是复杂的综合网站，一方面，自身是由一系列的页面所构成，其结构主要是通过各种形式的超级链接来实现的；另一方面，还要考虑与其他相关网站的链接，便于用户更方便地获取信息。总的来讲，网站的链接结构就是指页面之间相互链接的拓扑结构。它建立在目录结构基础之上，但可以跨越目录。形象地说，每个页面都是一个固定点，链接则是在两个固定点之间的连线。一个点既可以和一个点连接，也可以和多个点连接。更重要的是，这些点并不是分布在一个平面之上，而是存在于一个立体的空间中。

我们研究网站链接结构的目的在于用最少的链接，得到最高的浏览效率。一般来说，网站的链接结构有两种基本方式。

①树状链接结构（一对一）。类似 DOS 的目录结构，首页链接指向一级页面，一级页面链接指向二级页面。浏览这样的链接结构时，一级一级地进入，一级一级地退出。该结构的优点是条理清晰，访问者明确知道自己在什么位置，不会迷路。缺点是浏览效率低，一个栏目下的子页面到另一个栏目下的子页面，必须绕过首页。

②星状链接结构（一对多）。类似网络服务器的链接，每个页面相互之间都建立链接。这种链接结构的优点是浏览方便，随时可以到达自己想看的页面。缺点是链接太多，容易使浏览者迷路，搞不清自己在什么位置，看了多少内容。

在实际的网站设计中，只使用一种链接结构的情况很少，在大部分情况下总是将这两种结构混合起来使用。我们希望浏览者既可以方便快速地浏览到自己需要的页面，又可以清晰地知道自己所在的位置。所以，最好的办法是首页和一级页面之间用星状链接结构，一级和二级页面之间用树状链接结构。

链接结构的设计，在实际的网页制作中是非常重要的一环；采用什么样的链接结构直接影响到版面的布局。例如，你的主菜单放在什么位置，是否每页都需要放置，是否需要用分帧框架，是否需要加入返回首页的链接。在链接结构确定后，再开始考虑链接的效果和形式，是采用下拉表单，还是用 DHTML 动态菜单。

随着电子商务的推广，网站的竞争越来越激烈，对链接结构设计的要求已经不仅仅局限于可以方便快速地浏览，而是更加注重个性化和相关性。如何尽可能地留住访问者，是网站设计者必须考虑的问题。

3. 网站页面设计

（1）网页的版面布局设计

虽然网页技术的发展使得我们开始趋向于学习场景的编辑，但是固定网页版面设计基础依然是必须学习和掌握的。它们的基本原理是相通的，你可以领会要点、举一反三。版面指的是通过浏览器看到的完整的一个页面（包含框架和链接）。因为每个人的显示器分辨率不同，所以同一个页面的大小可能出现 640 像素×480 像素、800 像素×600 像素、1024 像素×768 像素等不同尺寸。布局则指的是以最适合用户浏览的方式将图片和文字排放在页面中。

具体到网站的每一个网页，其排版布局要达到一种和谐的状态才算是一种成功的网页设计，同样的图像和文字，用不同的方式将其组合起来，很可能产生截然不同的效果。网页的内容和页面的形式都是网站设计者必须考虑的，只考虑内容，不重其形式，只会影响用户浏览时的情绪；只顾页面的排版形式，不顾内容，用户也不会欢迎。二者缺一不可，少了任何一个，都是失败的设计。

（2）版面布局的步骤

①草案设计。草案设计属于创造阶段，不讲究细腻工整，也不必考虑细节功

能，只以粗陋的线条勾画出创意的轮廓即可。这种设计图要尽可能多画几张，最后选定一幅较满意的作为继续创作的脚本。

②粗略布局。在草案的基础上，将需要放置的功能模块安排到页面上。功能模块主要包含网站标志、主菜单、新闻、搜索、友情链接、广告条、邮件列表、计数器和版权信息等。注意，这里我们必须遵循突出重点、平衡协调的原则，将网站标志、主菜单等重要的模块放在最显眼、最突出的位置，然后再考虑次要模块的排放。

③最后定案。将粗略布局精细化、具体化，最后达到满意定案。

（3）常见的版面布局形式

①“T”形布局。所谓“T”形就是指页面顶部为“横条网站标志+广告条”，下方左面为主菜单，右面显示内容的布局。因为菜单条背景较深，整体效果类似英文字母“T”，所以称为“T”形布局，这是网页设计中使用最广泛的一种布局方式。这种布局的优点是页面结构清晰、主次分明，且是初学者最容易掌握的布局方法。缺点是规矩呆板，如果色彩细节上再不注意，很容易让人看后乏味。

②“口”形布局。这是一个象形的说法，就是页面一般上下各有一个广告条，左面是主菜单，右面放友情链接等，中间是主要内容。这种布局的优点是充分利用版面，信息量大；缺点是页面拥挤，不够灵活。也有将四边突出，只用中间的窗口型设计的。

③“三”型布局。这种布局多用于国外站点，国内使用得不多。特点是页面上横向有两条色块将页面整体分割为三个部分，色块中大多放广告条。

④对称对比布局。顾名思义，采取左右或者上下对称的布局，一半深色，另一半浅色，一般用于设计型站点。优点是视觉冲击力强，缺点是若想将两部分有机地结合起来比较困难。

以上总结了目前网络上常见的布局，此外还有许多别具一格的布局，关键在于网站本身的创意和设计。

（4）页面版面布局应遵循的原则

①正常平衡。亦称“匀称”，多指左右、上下对照的形式，主要强调秩序，能达到安定、诚实和可信赖的效果。

②异常平衡。即非对照形式，但也要讲究平衡，这种布局能起到突出和引人注目的效果。

③对比。所谓对比，是指不仅利用色彩、色调等技巧来表现，在内容上也可涉及色彩、新旧等要素的对比。

④空白。空白有两种作用：一方面，表示网站的突出卓越；另一方面，也表示网页布局更加平衡，这种表现方法对体现网页的格调十分有效。

⑤尽量用图片解说。此法用于对不能用语言表达的情感，特别是图片解说的内容可以传达给浏览者更多的感性认识。

以上的设计原则，虽然有些枯燥，但是如果网页设计人员能领会并活用到网页布局里，效果就大不一样了。比如，网页的白色背景太虚，则可以加些色块；版面零散，可以用线条和符号串分隔；左面文字太多，则右面可以插张图片以保持平衡；表格太过死板，则可以改用倒角或圆角等。

（5）页面中图片和文字的处理

用户在网上一般会四处漫游，必须设法吸引他们对企业站点的注意力，所以企业电子商务网站的设计中要善于利用一些特色的效果，页面上最好有醒目的图像、新颖的画面、美观的字体，使其别具特色，令人过目不忘。

①图片的使用。图像的内容应有一定的实际作用，切忌虚饰浮夸，最佳的图像应集美观与信息内容于一体。图像总是为页面的使用而服务的，一幅大而漂亮的图片，如果妨碍了页面所要进行的工作，就会降低页面的整体质量。在这种情况下，使用小图像甚至不使用图像将是更好的选择。

一个页面的好坏在于它是否提供了有用的信息，所以不管图像如何漂亮或标新立异，也不能随意将它加入页面中。图像可以弥补文字的不足，但并不能够完全取代文字。很多用户把浏览软件设定为略去图像，只看文字以求节省时间。因此，制作页面时，必须注意将图像所包含的重要信息或链接指示用文字替代功能重新表达一次。

②网站字体。网站字体的使用，要注意以下几点：首先，不要用太大或太小的文字。因为版面是宝贵而有限的，粗陋的大字不能给浏览者更多的信息。文字太小，用户读起来难受；文字太大，或者文字视觉效果变化频繁，用户看起来很不舒服。其次，按当代中文的阅读习惯，文本大都是居左的，所以最好是让文本左对齐，而不是居中。当然，标题一般应该居中，因为这符合浏览者的阅读习惯。再次，避免过多使用不停闪烁的文字。闪烁的文字看起来好玩，但它可能会使用户分心，最好避免过多地使用。有的网页设计者想通过闪烁的文字引起浏览者的注意，但一个页面中最多不要超过三处闪烁的文字，太多了则给用户一种眼花缭乱的感觉，影响用户去访问该网站的其他内容。最后，不要使用不常用的字体。网站中应该使用常用的字体，如“宋体”“楷体”等。如果使用不常用的字体制作网页，就会使客户端访问网页时达不到理想的效果。

（6）网页的色彩效果设计

网页的色彩搭配也是树立网站形象的一个要素。色彩搭配看似简单，实际上却是网页设计中很难处理的问题之一，如何运用最简单的色彩表达最丰富的含义是网页设计人员应认真思考的问题。在网页设计中，根据和谐、均衡和重点突出的原则，将不同的色彩进行组合、搭配来构成美丽的页面。色调及黑、白、灰的三色空间关系无论是在设计上，还是在绘画上都起着重要的作用。但需要注意的是，每个网站都应该有自己的主色调，不可为追求视觉效果而滥用颜色。例如，号称蓝色巨人的IBM就用蓝色作为自己网站的主色调。此外，色彩还会对人们的心理产生影响，应合理地加以运用。按照色彩的记忆性原则，一般暖色较冷色的记忆性强。另外，色彩还具有联想与象征的特性，例如，红色象征火、血、太阳，蓝色象征大海、天空和水面等。

在色彩的运用过程中，还应注意的一个问题是由于国家和种族的不同，宗教信仰、地理位置以及文化修养的差异，不同的人群对色彩的喜恶程度有很大的差别，生活在闹市中的人们喜欢淡雅的颜色；生活在沙漠中的人们喜欢绿色。在设计中要考虑到网站的主要读者群的背景和构成。

另外，在网页色彩的处理上，要注意以下两点：一方面，色彩的使用要与众不同，有自己的个性，这样网页才能引人注目，并给用户留下深刻的印象；另一方面，色彩的使用要充分考虑浏览者的心理感受，一定要合理搭配，从总体上给人一种和谐、愉快的感觉。

第五章　企业人力资源管理的优化与创新

第一节　实施企业人力资源弹性管理

人力资源弹性管理是指在组织中采取灵活的人力资源管理措施，以适应变化的业务需求和外部环境的能力。它强调组织能够快速调整人力资源配置、适应员工数量的变化以及灵活调整员工工作模式和职责。人力资源弹性管理的核心目标是实现人力资源与业务需求的匹配，并在不同的情况下保持组织的竞争力和适应能力。

一、人力资源弹性管理的特点

人力资源弹性管理是一种适应现代企业需求的管理方式，旨在提高组织的灵活性和应变能力。下面将详细介绍人力资源弹性管理的特点。

（一）人力资源弹性管理强调灵活性

在传统的人力资源管理模式中，员工通常被分配到特定的岗位，并按照固定的工作时间和职责进行工作。在弹性管理模式下，员工可以根据实际情况，更加灵活地处理工作安排。例如，灵活的工作时间安排允许员工根据个人需求和工作量调整上班时间，这有助于提高员工的工作满意度和工作效率。

（二）人力资源弹性管理注重多样化

在弹性管理模式下，组织将更多关注员工的个人能力和技能，而不仅仅是对固定的岗位要求。这意味着员工可以在不同的岗位上进行轮岗或跨部门工作，从而拓宽个人的技能和经验范围。这种多样化的工作经历可以提高员工的综合素质和适应能力，使其更具竞争力。

（三）人力资源弹性管理强调弹性用工

在传统的人力资源管理模式中，组织通常雇佣固定数量的全职员工来满足日常的工作需求。然而，随着市场环境的变化和业务波动，这种用工模式可能会导致资源浪费或不足。弹性管理模式允许组织根据实际需求灵活调整员工的用工方式，包括雇用兼职员工、临时员工或外包服务等。这样可以在保证业务运转的同时，降低用工成本和风险。

（四）人力资源弹性管理强调员工参与和自主性

弹性管理模式鼓励员工参与决策和问题解决过程，并赋予他们更多的自主权。员工可以参与制订工作安排、目标设定和绩效评估等方面，从而增强他们的责任感和归属感。这种员工参与的管理方式有助于激发员工的创造力和主动性，提高整体组织的创新和竞争力。

（五）人力资源弹性管理注重技术支持

随着信息技术的不断进步，弹性管理模式可以借助各种数字化工具和平台来支持管理的实施。例如，人力资源信息系统可以用于排班和考勤管理，在线协作工具可以促进跨地域和跨部门的协同工作。技术的运用可以提高工作效率和沟通效果，为弹性管理提供便利。

总之，人力资源弹性管理具有灵活性、多样化、弹性用工、员工参与和自主性以及技术支持等特点。基于新形势发展背景，弹性管理逐渐成为其中的重点内容，可以对传统人力资源管理中存在的问题进行合理解决，从而充分发挥人力资源价值作用。① 这种管理方式可以帮助组织适应变化的市场环境，提高员工的工作满意度和综合素质，实现组织的可持续发展。

二、人力资源弹性管理的功能

人力资源弹性管理是现代组织中的一项重要功能，旨在应对不断变化的工作环境和人力资源需求。它涉及灵活性和适应性的管理方法，以确保组织能够有效地应对市场波动、技术创新和其他不可预测的因素。

（一）招聘与配置的功能

随着业务需求的变化，组织需要灵活地调整人员的配置以适应新的工作要求。这涉及招聘新人才、内部转岗或重新分配现有员工的工作职责等多方面的内容。人力资源部门需要密切关注组织的战略目标和人力资源需求，以确保正确的人员在正确的时间到位。

（二）培训发展的功能

随着技术和市场的快速变化，员工需要不断更新和提升他们的技能和知识。人力资源部门应该提供培训和发展计划，以帮助员工适应新的工作要求，并提供他们所需的资源和支持。这有助于增强员工的适应能力和灵活性，使他们能够胜

①张国锋．事业单位人力资源管理中弹性管理的运用研究［J］．财经界，2022（28）：171.

任不同的任务和职责。

（三）绩效管理的功能

由于工作环境的不断变化，组织需要对员工的绩效进行持续评估和反馈。人力资源部门应该建立有效的绩效管理体系，确保员工的工作目标与组织的战略目标相一致，并通过定期的绩效评估和反馈来促进员工的成长和发展。此外，绩效管理也可以帮助组织识别出高绩效的员工，以便将他们置于更具挑战性和关键性的角色中。

（四）员工福利与离职管理的功能

组织需要提供灵活的福利计划，以满足员工在不同阶段的需求。这可能包括弹性工作安排、远程工作选项、家庭支持等。同时，当组织需要减少员工数量时，人力资源部门应该实施有效的离职管理计划，包括员工咨询、重新就业支持和离职补偿等，以确保离职过程的顺利进行。

三、人力资源弹性管理的现实性和必要性

让组织拥有开放的属性并为个体营造创新氛围，是企业保持竞争力、推进高质量发展的关键。弹性管理运用于企业的管理实践，可以使企业从人性化的角度科学地加强人力资源专业化管理，以保持人力资本的持久竞争力。这对于巩固并提升企业自身的核心发展能力，实现企业与人才的长远稳定和共赢发展，有着极其重要的理论意义和实践意义。

1. 实施人力资源弹性管理有助于企业有效应对外部变化

弹性管理是一种建立在相对规范的企业管理制度之上、灵活机动的管理方法，强调灵活性与原则性的统一，可以使企业内部的所有环节随着外部条件的不断变化做出自我调整。弹性管理对于有效部署企业发展战略、及时调整组织结构、协调完善工作管理，以及帮助企业及时应对各种可能出现的波动和风险具有十分重要的作用。

2. 实施弹性管理有助于激发企业内在发展动力

具体来说，体现在以下几个方面：

（1）可以提高员工积极性。弹性管理与刚性管理不同，它更强调的是员工的自我管理，满足员工个性发展的需求。

（2）可以降低企业用工成本。弹性理论倡导的灵活用工模式可以有效提升整个企业劳动力的灵活性，企业可以根据各部门的工作需求和服务内容实施灵活的雇用策略，优化劳动资源配置，降低企业用工成本，进而提升企业的经济效益，促进企业经营目标的实现。

（3）可以提升企业运营效率。弹性管理是在刚性管理的基础上进行的，通过

方式的调整可对不同的情况进行灵活处理，使得弹性管理与运营管理结合在一起，互相弥补，提升企业整体工作效率。

3. 实施弹性管理有助于完善企业激励约束机制

弹性管理背景下的薪酬激励方式体现了企业“以人为本”的管理理念，即以能力和绩效为导向，企业效益与员工工资收入紧密挂钩。富有弹性的激励方式在创造平等竞争环境的同时，更有利于组织薪酬体系的可持续发展。弹性管理可以使国企合理有效地利用有限的人工成本资源，来最大限度地开发与利用人力资源，按岗取薪、优绩优酬，增加员工的工作投入度，进而提升个人工作绩效。

四、人力资源弹性管理的形态

（一）数量弹性

数量弹性是组织为配合市场和业务的变化，灵活地调整人力资源投入的数量和类型，以满足实际需要的能力。数量弹性的主要目的在于平衡组织的人力资源需求和雇用量，以免组织因受制于长期雇用的承诺而增加人工成本。在数量弹性方面，可通过提高创新型人才的占比来提升企业整体知识水平。

（二）职能弹性

职能弹性是指赋予员工更大的自主权，让其工作或任务具有可轮调性或可适应性。职能弹性一般需要通过员工培训、岗位轮换等方式来提升员工的技能，同时使员工的工作内容丰富。在这种弹性制度下，组织内部员工可以根据工作需求或者技术要求的变化及时做出回应，使人力资源尽快实现角色转换。

（三）时间弹性

时间弹性是指在遵守劳动法规的前提下，通过灵活调整工作时间或工作时数来满足组织实际运营的需要，以应对业务需求的变动和员工个人需要而采取的弹性工作时间。具体而言，可分为两种情况：一是在遵循劳动法规的前提下，合理利用轮休、加班、调整休假等方式弹性地处理工作时间；二是员工可以在保证完成规定工作任务或在固定工作时间内，对具体的工作时间进行灵活安排，以代替传统的固定工时制。

（四）薪酬弹性

薪酬弹性是指通过实行多样化的薪资结构来支付工资，以改变统一固定的薪资结构，实现以个人绩效为中心的薪酬支付体系。这种薪酬支付体系可以充分考虑员工之间的差异性和相对性，根据个人绩效发放工资、奖金、福利等，能较好地让员工产生公平感，提高工作投入度和产出度。薪资弹性可以有效激发员工主动学习的意愿，促进弹性职能的发挥。

五、人力资源弹性管理机制设计

人力资源弹性管理追求知识的学习和更新，重视管理手段的不断创新，以新的、灵活性的策略适应组织内外部环境的变化，提高管理的效能。可基于以下几个维度探究企业人力资源弹性管理机制。

（一）弹性雇用机制

数量弹性涉及组织员工的灵活雇用，它要求组织依据工作需求的变化迅速调整人力结构、员工数量以适应实际的需要。可以通过灵活调节外围员工来达到人力资源的数量弹性，如临时性、季节性、短期合同制等雇用形态的员工，这些灵活的雇用方式可有效减少人员固化带来的额外成本。

企业要建立人岗匹配、形式多样的弹性雇用机制，有效控制人工成本、提高核心竞争力。具体来说，可以从以下几个方面着手。

一是革新劳动用工方式和人员编制管理，建立动态用人机制。对于人员的任用，可设计由一部分核心员工负责内部关键性工作，而大量事务性的工作交由外围员工完成。

二是加强用工自主权和轮岗管理，进一步规范员工抽调借调、跟班学习等方式，推进跨区域、跨时间优化人员配置，增强用人的机动性和人员的适应性，逐步形成一个不断补充、日臻完善的用工体系。

（二）弹性工作机制

工时弹性是在员工的工作时间上进行灵活的调整，以实现工作和闲暇的有效平衡。职能弹性是培养员工具备多样化的技能，增加工作的多样性和挑战性，减少单调乏味感，赚取更高的边际收入或额外收入。企业可结合不同业务领域的特殊性，有选择地引入弹性工作制。

1. 弹性工作时间

弹性工时制度是相对于当前的固定工时制而言的。新生代员工更在意工作是否具有自主性、独立性、刺激性和挑战性。这就要求企业应该更多地从管控走向赋能，信任授权并为员工配置资源，帮助员工实现绩效目标。弹性工作制这种“人本管理”的方式更好地契合了数字化时代企业管理的需求。可在保证每天工作时间不减少的情况下，实施轮班和错时上下班制度；也可以在保证完成规定的工作任务或在固定的工作时段内，对具体的工作时间进行灵活的安排。这种方式必然带给员工更好的组织人性化体验，有效满足新时代员工的个性需求，改善组织的信任氛围和员工的情感诉求，对工作绩效将产生积极影响。

2. 弹性工作内容

在人员管理上，要通过多样化的工作内容和工作方式激发员工工作热情和创新活力，使其更好融入企业经营创效。工作内容的丰富可以通过轮岗、人员交流、项目式运作、虚拟团队等方式实现。

（1）进一步扩大轮岗和人员交流的范围，注重为基层员工提供更多轮岗和交流的机会。通过轮岗可使员工从事不同的工作，掌握不同的工作技能，提升工作的新鲜感。

（2）加强工作任务的项目式运作，由掌握不同技能的员工构建项目工作团队，以完成部门内部的特定任务，丰富每个人员的工作内容和角色。

（3）对于部门内部的一些高技术难度的工作任务，可在机构内部征集有能力的“专家或骨干”来完成，这样既可以使内部人员有机会获得挑战性的工作，同时也给予员工展现自我和获得奖励和晋升的机会，激发他们的工作热情，为企业注入更多活力。

（三）弹性薪酬机制

弹性薪酬机制强调顶层设计，力求改变以往企业相对统一固定的薪酬支付体系，建立以个人绩效为基础的薪酬管理模式，更加注重员工的能力，具有很大的弹性浮动空间。

（1）加强薪酬的外部调整机制。要关注同行业同岗位等级的薪酬水平、本地区行业企业的收入水平，还要注意企业内部是否存在同工不同酬的情况。要积极引入宽带薪酬机制，即在保证基本工资水平相对公平的基础上，浮动工资在绩效不同的情况下可适当拉开差距，低一等的薪酬高级别可高于高等薪酬的低级别，形成一定的重复度。

（2）加强薪酬的内部调整机制，构建员工与企业共享价值的平台，设计多元的分享价值激励方案。例如，将绩效结果与员工的收入和激励关联，建立“多劳多得、论功行赏”的制度规则；加强国企绩效考核管理，根据企业经营成果，实施超额利润奖励分配、股权激励分配；或者采取合伙人激励机制，根据个人贡献积分实施固定奖金包的积分贡献值分配。

（3）设计弹性福利制度，打破单一的福利形式，实施弹性福利/自选福利。在国企管控总额允许的情况下提供多样化选择，满足不同员工对福利的不同偏好和需求，真正让员工与组织共享收益成果，形成共生态、共赢体。

第二节　企业人力资源年龄管理开发

人力资源年龄管理开发是指在人力资源管理领域中，针对员工的年龄因素进行有效的管理和开发。随着人口老龄化和多代人才共存的趋势，年龄管理成为组织管理的一个重要方面。

一、人力资源的年龄分类与开发意义

（一）根据年龄划分人力资源

根据年龄可以将人力资源分为以下三类。

1. 年轻员工

年轻员工通常是指20岁至35岁之间的人群。这一代员工通常具有较高的学习能力和创新意识，适合承担新项目和技术驱动型的工作。他们对于职业发展和成长的需求较高。

2. 中年员工

中年员工是指年龄介于35岁至55岁之间的员工。这一代员工通常在职业生涯中已经积累了一定的工作经验和专业技能，对于组织的稳定性和业务运营有较大的贡献。他们可能在领导岗位上发挥重要作用，同时也需要关注职业发展和个人成长。

3. 老年员工

老年员工是指年龄较大的员工，通常是指55岁及以上的人群。这一代员工可能具有丰富的行业经验和专业知识，并对组织具有重要的稳定性和知识传承作用。对于这一代员工，组织可以提供适当的培训和发展机会，以充分发挥他们的经验和智慧。

总之，年龄分类只是一种基于年龄特点的粗略划分，企业在管理人力资源时应综合考虑员工的个体差异和能力，避免以年龄作为唯一的决策依据。灵活的人力资源管理策略应该关注员工的能力、技能、动机和发展需求，而不仅仅局限于年龄。

（二）年龄管理开发的意义

1. 促进多代员工的协同合作

现代工作场所中，可能存在多代员工，通过年龄管理，组织可以帮助不同年龄段的员工更好地理解彼此的特点和价值观，并促进他们之间的合作和团队协作。

2. 充分发挥老年员工的经验和知识

老年员工通常具有丰富的工作经验和知识，他们在组织中扮演着重要角色。通过年龄管理，组织可以更好地挖掘和利用老年员工的经验和知识，为其提供适当的培训和发展机会，以确保这些宝贵资源得到充分利用。

3. 培养和吸引新一代人才

年龄管理不仅要关注老年员工，还需要关注年轻的员工。通过制订适当的发展计划和提供相关的培训机会，组织可以吸引和留住年轻的高潜力人才，为他们的成长和发展提供支持。

4. 保持组织的灵活性和创新力

不同年龄段的员工具有不同的思维方式、工作风格和技能。年龄管理可以帮助组织建立灵活的工作环境，促进知识和经验的流动，同时激发创新和创造力。

5. 应对人口老龄化挑战

随着全球人口老龄化的趋势加剧，组织需要应对相关的挑战。通过年龄管理，组织可以采取措施来延长员工的工作寿命，提供灵活的工作安排和退休计划，以确保组织能够持续地吸引、留住和充分利用老年员工的知识和经验。

总之，人力资源年龄管理的开发对于组织来说具有重要意义，它能促进多代员工的合作，充分运用老年员工的经验和知识，培养和吸引新一代人才，保持组织的灵活性和创新力，并应对人口老龄化带来的挑战。

二、人力资源年龄管理的类型开发

（一）年轻员工的开发

1. 年轻员工的积极影响

年轻员工对人力资源管理的高质量发展具有积极的影响。具体包括以下几个方面。

（1）创新和技术驱动。年轻员工通常对新技术和创新非常熟悉，他们能够为人力资源管理引入新的工具和系统，以提高效率和员工体验。他们对数字化工具和社交媒体的熟悉程度也使他们成为改进招聘、培训和绩效管理等关键领域的重要资源。

（2）多元化和包容性。年轻一代员工对多元化和包容性价值观更加重视。他们鼓励组织营造一个包容性的工作环境，尊重不同背景和观点的员工。他们对于平等、多元化招聘和公平的薪酬体系等议题的关注，推动了人力资源管理领域的变革。

（3）学习和发展。年轻员工通常渴望学习和成长，他们对于个人发展和职业晋升的追求非常积极。这促使组织提供更多的培训和发展机会，建立有利于员工成长的导师计划和学习机制。年轻员工的学习意愿和渴望帮助组织建立了一个持续学习的文化环境。

（4）灵活工作和工作生活平衡。年轻员工更加关注工作与生活之间的平衡，他们倾向寻找弹性工作安排和远程工作的机会。这对人力资源管理提出了新的挑战，需要灵活性和创新性地应对这些需求，以满足员工的期望，并保持组织的高效运转。

（5）创造力和团队协作。年轻员工通常具有较高的创造力和团队合作能力，他们乐于与其他同事合作，提出新的想法和解决问题的方法，这种积极的影响推动了人力资源团队的开放创新。

总之，年轻员工在人力资源管理中发挥了积极的作用，他们的创新精神、多元化意识、学习动力、平衡工作生活以及团队合作能力都为组织带来了新的机遇，推动了人力资源管理的高质量发展。

2. 年轻员工的开发策略

年轻员工的人力资源开发是一项重要的任务，因为他们代表着组织的未来和潜力。帮助促进年轻员工的人力资源开发包括以下几个方面。

（1）招聘和选拔。通过吸引和招募年轻人才，确保拥有具备所需技能和潜力的候选人。这可能包括针对年轻人的校园招聘活动、实习计划和参与行业相关组织等。

（2）导师计划。为年轻员工提供导师或教练，帮助他们在工作中成长和发展。导师可以分享经验、提供指导，并帮助他们制订职业目标和发展计划。

（3）培训和发展。提供全面的培训计划，帮助年轻员工提升技能和知识。这可以包括内部培训、外部培训、在线学习和跨部门轮岗等。

（4）交流和反馈。建立开放的沟通渠道，鼓励年轻员工与上级和同事进行交流。定期提供反馈和评估，帮助他们了解自己的进展，并提供改进的建议。

（5）晋升机会。为年轻员工提供晋升和发展的机会，以激发他们的工作热情。制定明确的晋升标准和职业发展路径，让他们知道如何取得成功。

（6）奖励和认可。给予年轻员工适当的奖励和认可，以表彰他们的努力和成就。这可以包括提供奖金、奖品、晋升或公开表彰等。

（7）工作生活平衡。关注年轻员工的工作生活平衡，提供灵活的工作安排和福利措施，以帮助他们更好地应对工作压力，提高工作满意度和忠诚度。

（8）制订发展计划。与年轻员工合作，制订个性化的发展计划，帮助他们实现职业目标，这包括明确的目标设定、培训需求分析和个人发展计划的制订等。

通过以上人力资源开发策略，组织可以有效地吸引、培养和留住年轻员工，促进他们的成长和发展，同时为组织的未来建立强大的人才储备。

（二）中年员工开发

1. 中年员工的影响力

中年员工对人力资源管理的高质量发展具有重要的影响力。具体包括以下几个方面。

（1）经验丰富。中年员工通常在组织内工作了相当长的时间，积累了丰富的工作经验和知识。他们对组织的运作和文化有深入的了解，并能够将这些经验应用到人力资源管理中。他们能够提供宝贵的洞察力和建议，帮助制订更有效的人力资源战略和政策。

（2）稳定性和可靠性。中年员工通常在职场中表现出稳定性和可靠性。他们对工作有责任心，往往具有较高的工作投入度和忠诚度。这对于人力资源管理至关重要，因为他们能够提供一种可靠的、持久的劳动力，有助于组织实现长期发展目标。

（3）导师和领导角色。由于中年员工在组织中的经验和知识，他们往往能够担任导师和领导的角色。他们可以指导年轻员工，分享他们的经验和职业发展建议。这对于人力资源管理来说非常有益，可以促进员工的成长和发展，增强组织内部的知识传承和人才储备。

（4）留住资深人才。中年员工是组织中的资深人才，对他们的留任至关重要。通过实施针对中年员工的发展计划和激励措施，人力资源管理可以帮助组织留住这些宝贵的人才。保留资深员工有助于维持组织的连续性和稳定性，并减少新员工培养和招聘的成本。

总之，中年员工对人力资源管理的高质量发展具有积极的影响。他们在经验、稳定性、导师角色等方面的优势，为组织带来了许多益处，并有助于推动组织的长期发展。

2. 中年员工的开发策略

对于中年员工的开发策略，可以采取以下几个方面的措施。

（1）知识更新和培训。中年员工在工作中积累了一定的经验和技能，但随着科技和行业的快速发展，持续的知识更新是必要的。提供培训机会，包括参加专业课程、研讨会、工作坊和在线学习平台等，帮助中年员工了解最新的行业趋势和技术进展。

（2）跨部门合作与项目参与。鼓励中年员工参与跨部门的合作项目，通过与其他团队成员的合作，他们可以学习新的技能、拓宽视野，并在解决复杂问题的过程中提升自己的能力。同时，这也可以促进团队之间的知识共享和协作。

（3）寻求挑战和晋升机会。为中年员工提供具有挑战性的任务和项目，帮助他们发展新的技能和扩展职业能力。同时，提供晋升机会，让他们有更高的职业目标和成长空间。

（4）导师制度。建立导师制度，由高级员工担任导师，与中年员工进行定期的交流和指导。导师可以分享自己的经验和知识，并提供职业发展建议，帮助中年员工更好地规划自己的职业道路。

（5）培养领导能力。对于有领导潜力的中年员工，提供领导力培训和机会，以提升他们的管理和指导团队的能力。这也可以激励中年员工，增强他们对组织的归属感，并为他们的职业生涯注入新的动力。

（6）建立终身学习制度。鼓励中年员工积极主动学习新知识，掌握新技能，强化终生学习终生受用的新观念；还可以通过奖励制度、内部分享会、培训资源的提供等方式来实现。

总之，中年员工的开发策略应该注重知识更新、跨部门合作、挑战机会、导师指导、领导力培养和终身学习文化的培养。这些策略可以帮助中年员工不断提升自己的能力，以适应变化的工作环境，为个人和组织的成功作出贡献。

（三）老年员工的开发

1. 老年员工的积极影响

老年员工对人力资源管理的高质量发展可以产生积极的影响。虽然老年员工可能在身体上或技术上与年轻员工有所不同，但他们的经验、智慧和稳定性可以为组织带来独特的价值。

以下是老年员工对人力资源管理的积极影响。

（1）经验传承与知识共享。老年员工通常在组织内有着丰富的经验和知识，他们可以与年轻员工分享自己的经验教训、行业见解和专业技能。通过他们的指导和辅助，年轻员工可以更快地适应工作环境，提升工作效率。

（2）提高团队稳定性与凝聚力。老年员工通常对组织有着较高的忠诚度和归属感。他们在组织中的长期存在可以为团队带来稳定性，并对团队凝聚力产生积极影响。老年员工往往更具有耐心和包容心态，能够有效地处理团队内的冲突，促进团队和谐发展。

（3）跨代沟通与协作。老年员工与年轻员工之间的跨代沟通和协作有助于构建多元化的工作环境。老年员工可以通过分享他们的观点和经验，帮助年轻员工更好地了解和适应工作中的挑战。同时，年轻员工的新思维和技术知识也可以激发老年员工的创造力和学习动力，实现知识的双向传递。

（4）增强组织的形象与声誉。拥有老年员工的组织常常被视为关注员工福利、尊重多样性和珍视人才的企业。这可以提升组织的形象和声誉，吸引更多优秀的人才加入。同时，老年员工也可以成为组织文化的重要组成部分，为企业带来积极的社会影响力。

（5）持续学习与发展。虽然老年员工可能在某些技术方面相对滞后，但他们通常具备较强的学习意愿和适应能力。通过提供培训和发展机会，组织可以帮助老年员工保持更新的技能和知识，使他们能够更好地适应不断变化的工作环境。

老年员工对人力资源管理的高质量发展具有积极影响。他们的经验传承、稳定性、跨代沟通、组织形象和持续学习能力等方面的优势，可以促进组织的发展和员工的综合素质提升。

2. 老年员工的开发策略

（1）掌握数字技术。老年员工可能不太熟悉新的数字技术和工具，因此培养他们在这方面的能力非常重要。提供培训和资源，帮助他们学习使用电子邮件、办公软件、社交媒体等工具。

（2）强调经验分享。老年员工通常拥有丰富的经验和知识，他们可以成为团队中其他成员的良师益友。鼓励他们参与知识分享活动，如内部培训、工作坊或导师计划，以便将他们的经验传授给其他人。

（3）个性化培训计划。每个老年员工的需求和学习风格都有所不同，因此制订个性化的培训计划非常重要。与员工一起讨论他们的职业目标和兴趣，并为他们提供相关的培训和发展机会。

（4）跨代沟通。不同年龄段的员工可能对沟通方式和风格有不同的偏好。为了更好地与老年员工合作，了解他们的沟通习惯并尝试调整自己的沟通方式。可以选择面对面的交流，提供书面证明或录音等方式，以适应不同的沟通需求。

（5）灵活工作安排。老年员工可能希望在工作时间上有更大的灵活性，以便处理家庭事务或照顾孙子辈。在可能的情况下，提供弹性工作、远程工作的选择，以满足他们的需求。

（6）鼓励跨代团队合作。跨代团队合作有助于促进知识交流和理解。将老年员工与年轻员工组成跨代团队，鼓励彼此学习与合作，通过促进不同年龄段员工之间的交流与合作，可以有效提升工作效率。

（7）关注健康和福利需求。老年员工可能面临一些特殊的健康和福利需求。提供适应他们健康和福利需求的政策和措施，例如定期体检、灵活的医疗保险计划等。

总之，给予老年员工尊重、支持和关注。通过提供培训、知识分享、个性化发展计划和灵活的工作安排，可以帮助他们保持职业精神，并为团队发挥余热。

三、多代员工人力资源的高质量协同开发

1. 促进跨代沟通

不同年龄段的员工可能有不同的沟通偏好和工作习惯。为了实现高质量的协同开发，组织可以提供跨代沟通培训，帮助员工理解彼此的沟通风格和偏好，并鼓励他们积极交流和分享信息。

2. 搭建跨代合作平台

利用现代技术和工具，建立一个团队协作平台，让员工可以方便地共享文档、交流想法和合作开发项目。这样可以打破时空限制，让不同年龄段的员工可以随时随地进行协作。

3. 强调知识分享和学习

鼓励年轻员工与资深员工之间的知识分享和互相学习。资深员工可以分享他们的经验和专业知识，而年轻员工则可以带来新的思维和技能。组织可以设立知识分享平台、跨代交流活动或导师制度，促进不同年龄段员工之间的交流和学习。

4. 引入灵活的工作安排

不同年龄段的员工对工作安排有不同的需求和偏好。为了实现高质量的协同开发，组织可以提供灵活的工作安排，例如弹性工作时间、远程办公等，以满足员工的个性化需求，提高工作效率和满意度。

5. 建立多代员工团队

在项目组或团队中，要尽量让不同年龄段的员工相互配合与协作。通过多代员工的团队合作，可以融合不同的经验和视角，提高问题的解决能力和创新能力。

6. 提供终身学习机会

鼓励员工进行终身学习和职业发展，无论是年轻员工还是资深员工。组织可以提供培训计划、技能提升机会和专业发展指导，帮助员工保持竞争力和适应不断变化的工作环境。

总之，通过以上方法，组织可以充分发挥不同年龄段员工的优势，促进多代员工之间的高质量协同发展。

第三节 优化企业人力资源配置

人力资源配置是指在组织或企业中合理地分配和利用人力资源的过程。它涉及确定所需的人力资源数量、类型和质量，并将其分配到适当的岗位或部门，以实现组织的战略目标。人力资源配置的目标是确保组织拥有适当数量和类型的员工，以满足业务需求，并确保员工的技能和能力与岗位要求相匹配。

一、人力资源配置的意义

企业人力资源配置是为了更充分地利用人的体力、智力、知识力、创造力和技能，促使人力资源与物力资源实现更完美地结合，以产生最大的社会效益和经济效益。为了提高自身竞争力，企业逐渐将目光放在人力资源配置上，力图以优化人力资源配置激发员工潜力，继而提高工作质量与效率。① 合理的人力资源配置是社会保持活力的基本要素之一，不但可使社会组织内的人力资源结构趋向合理，而且可最大限度地实现人尽其才、才尽其用，使每个人的才智和潜能都得到充分的发挥。

（一）企业可以充分利用“人力”

人力资源配置首先就是要突出“人力”，优化人才结构的根本目的是提升“人力”综合利用水平，使执行力、组织力、知识力、智力、体力及创造力等与

①李雪琪．企业人力资源配置模式与作用探析［J］．就业与保障，2022（07）：79.

人有关的能力可转化为企业发展动力，能够与物质资源有效整合，如设备、材料等，为企业获取最大经济效益助力。

（二）“人力”可以助力企业发展

从微观上讲，人才结构配置优化能保障各部门、各岗位正常运转，业务端较为稳定，采购、生产、销售、售后等运营活动能够良性展开，利于企业直接与市场对接，获取市场信息，了解竞争态势，预判发展走势，这为决策端及时制订改进业务活动组织规划对策提供依据，继而打通企业获利渠道，在“人力”的加持下加强业务端、决策端共融。从宏观上讲，企业转型、改革、创新需要调整人才结构。以文旅企业发展为例，需要导游既具有专业技能，又了解各地传统文化、历史文化、艺术文化等方面的内容，同时项目开发人员需能够判断旅游区的文化价值，为文旅品牌线路的建设给予支持，这就需要在企业发展规划的支撑下通过人力资源管理优化人才结构配置，在招聘、培训、岗位调整等管理举措的助力下推动企业发展。

二、人力资源配置的原则

（一）能级对应

合理的人力资源配置应使人力资源的整体功能强化，使人的能力与岗位要求相对应。① 企业岗位有层次和种类之分，它们占据着不同的位置，处于不同的能级水平。每个人也都具有不同水平的能力，在纵向上处于不同的能级位置。岗位人员的配置应做到能级对应，就是说每一个人所具有的能级水平与所处的层次和岗位的能级要求相对应。

（二）优势定位

人的发展受先天素质的影响，更受后天实践的制约。后天形成的能力不仅与本人的努力程度有关，也与实践的环境有关，因此人的能力的发展是不平衡的，其个性也是多样化的。每个人都有自己的长处和短处，有其总体的能级水准，同时也有自己的专业特长及工作爱好。优势定位内容有两个方面：①人自身应根据自己的优势和岗位的要求，选择最有利于发挥自己优势的岗位。②管理者也应据此将人安置到最有利于发挥其优势的岗位上。

（三）动态调节

动态原则是指当人员或岗位要求发生变化的时候，要适时地对人员配备进行

①闫洪雨，王妍，高龙．职业沟通与团队合作［M］．苏州：苏州大学出版社，2022.

调整，以保证始终使合适的员工工作在合适的岗位上。岗位或岗位要求是在不断变化的，人也是在不断变化的，因此人对岗位的适应也有一个实践与认识的过程，但是由于种种原因，使得能级不对应、用非所长等情形时常发生，能级对应、优势定位只有在不断调整的动态过程中才能实现。

（四）内部为主

企业使用人才，其关键是要在企业内部建立起人才资源的开发机制，使用人才的激励机制。这两个机制都很重要，如果只有人才开发机制而没有激励机制，那么企业的人才就有可能外流。从内部培养人才，给有能力的员工提供机会与挑战，营造学习与激励的氛围，这也是公司发展的动力所在。

三、人力资源合理配置的提升策略

（一）加强人力资源配置制度建设

人社部门要进一步健全完善人力资源市场体系建设，充分发挥市场在人力资源开发与配置中的决定性作用，进一步转变政府职能，培育和完善统一开放、竞争有序的人力资源市场，为劳动者求职和企业用人提供优质、高效服务；要加强人力资源市场的城乡一体化建设，发展专业性、行业性人力资源市场，提高人力资源配置效率和公平性。企业要结合国家政策和自身特点，建立适合自身发展的现代化人力资源管理制度体系，推动各项工作扎实有序开展。

（二）创新人力资源管理配置模式

企业在人力资源配置管理中，要根据岗位的需要对人力资源进行动态配置，从而对人力资源进行合理有效的使用。

1. 要能位对应

企业中的员工之间存在能力水平的不同。具有不同能力特点和水平的人，应安排在要求相应能力特点层次的职位上，并赋予该职位应有的权利和责任。

2. 互补增值

人各有所长各有所短，要以己之长补他人之短，从而使每个人的长处得到发挥，避免短处对工作的影响。通过个体之间取长补短而形成整体优势，实现企业目标的最优化，这在企业内部分工协作中体现得尤为明显。

3. 动态适应

在企业中总会出现这样的情况，人与工作不适应，企业中的人员必须在多个岗位中轮换，因为工作不会主动适应人。除此之外，岗位晋升、调换也会造成人与工作的不适应。这就要求企业人员要不断提高自身适应能力，以达到人适其位、位得其人。

（三）加强人力资源时间配置和空间配置

企业人力资源配置就是指通过人员规划、招募、选拔、录用、考评、调配和培训等多种手段和措施，将符合企业发展需要的各类员工适时适量地安排到适合的岗位上。实现企业的人力资源都合理利用，就需要把人力资源的时间配置和空间配置都安排妥当。人力资源合理配置不仅是人力资源管理的起始也是人力资源管理的归宿，可以说，人力资源管理的各项工作都是围绕“资源配置”这一中心问题展开的。从员工招聘、培训、考评、薪酬福利，乃至员工的合同、离职、退休管理，最终目标都是为了人力资源的优化配置。

第四节　构建企业人力资源共享服务中心运行机制

共享服务是指将事务性工作和特殊专业服务性工作从企业原来的职能部门分开，成立独立的部门专门进行运行和管理，使市场化的运作在企业内部得以实现。人力资源共享服务是指将人力资源管理的某些功能外包给专业的第三方服务提供商，以实现资源共享和提高效能的管理模式。这种服务模式允许组织将一部分或全部的人力资源管理工作交由专业的服务机构来执行，从而减轻内部人力资源团队的工作负担，提高效率和降低成本。

一、人力资源共享服务中心的特性

（一）人力资源共享服务中心的含义

人力资源共享服务中心是指将原本分散的与人力资源管理相关的所有行政事务性的工作集中至成立的共享服务中心来运行管理。

人力资源共享服务中心的客户群体是企业内部所有的职能部门和员工，人力资源共享服务中心的主要业务有招聘、薪资福利、入转调离各类手续处理及员工档案管理等。建立人力资源共享服务中心的目的是提高人力资源运行效率、提升服务质量、提高内部各职能部门和员工的满意度，从而实现人力资源管理的战略转型。

（二）人力资源共享服务中心的类型

人力资源共享服务中心的类型可以根据不同的分类标准进行划分。以下是根据服务对象、服务内容和服务组织以及共享服务中心提供的服务内容类型三个维度的划分方式。

1. 根据服务对象，可以将人力资源共享服务中心划分为内部共享服务中心

与外部共享服务中心

内部共享服务中心是为同一组织内不同部门或业务单位提供人力资源服务，如跨部门的薪资、招聘和培训等服务。外部共享服务中心是为多个组织或企业提供人力资源服务，如为合作企业提供共同的薪资管理、福利计划或人力资源咨询等服务。

2. 根据服务内容和服务组织，可以将人力资源共享服务中心划分为专业服务模式与咨询服务模式

专业服务模式是共享服务中心以专业人力资源团队为核心，为客户提供专业的人力资源服务，如薪资管理、绩效评估、招聘和培训等。咨询服务模式是共享服务中心以顾问团队为核心，为客户提供人力资源战略咨询和解决方案，如组织发展、人才管理和变革管理等。

3. 根据共享服务中心提供的服务内容类型，可以将人力资源共享服务中心划分为基础服务模式与咨询服务模式

基础服务模式是共享服务中心提供基础的人力资源服务，如薪资管理、人事档案管理、员工福利管理等常规的操作性服务。咨询服务模式是共享服务中心提供战略性的咨询服务，如人力资源规划、组织发展、绩效管理咨询等，帮助客户解决复杂的人力资源管理问题和提供战略支持。

（三）人力资源共享服务中心的优势

1. 提高效率

共享服务中心通过整合和标准化各类人力资源流程和服务，实现了资源的集中管理和统一执行，从而提高了处理效率。例如，员工福利管理、薪资核算、招聘流程等可以在一个中心化的团队中处理，减少了重复工作和冗余步骤。

2. 降低成本

通过共享服务中心，组织可以实现规模化的资源管理，减少了各部门独立处理人力资源事务所需的重复性投入。此外，共享服务中心还可以利用技术工具和自动化流程来简化操作，进一步降低成本。

3. 提供专业化支持

共享服务中心通常由一支专业化的人力资源团队组成，他们在各个领域具备专业知识和经验。这意味着员工和管理层可以获得高质量的专业支持和建议，从而提高人力资源决策的准确性和效果。

4. 提升员工体验

共享服务中心为员工提供一站式的服务和支持，能够更快速地响应员工的需求和问题。员工可以通过共享服务中心获取相关信息、提交申请、解决问题等，提高了员工的满意度和体验。

5. 实现数据驱动决策

共享服务中心可以集中管理和分析人力资源数据，提供数据驱动的决策支持。通过对数据的整合和分析，组织可以更好地了解员工绩效、离职率、培训需求等关键指标，从而制订相应的人力资源策略和计划。

6. 支持业务发展

共享服务中心可以为组织提供更高级别的人力资源支持，帮助企业更好地应对业务发展和变革。例如，共享服务中心可以提供战略性的人力资源规划、组织设计和变革管理等支持，助力企业实现战略目标。

二、人力资源共享服务中心运行机制的优化策略

（一）共享服务中心的系统平台建设

共享服务中心日常运作在很大程度上依赖于人事系统平台的支撑，系统平台是共享服务中心发挥效用、实现高效运转的有效保障。因此，系统平台建设也是现阶段共享服务中心优化的重点。

1. 深度开发，实现系统对接

共享服务中心的日常运作的人事系统平台主要有本地的薪资结算系统金蝶，同时还有维护总部的人事系统，这两个系统在员工主数据模块存在重叠，即中心的员工需要在两个人事系统内都输入一遍员工的信息。为了减轻共享服务中心员工重复的工作量，将有限的时间花在有意义的工作上，共享服务中心成立了项目组，以实现本地系统与总部系统在主数据功能模块可以对接。经过项目开发，根据员工在企业的工号，可以实现这两个系统的员工主数据的对接。中心的员工只要将员工的信息在总部系统里维护好，在本地系统里刷新数据，员工信息就可以实时同步至本地金蝶系统。

同时为了提升招聘工作的效率，共享服务中心还将人事系统里的招聘模块与本地的招聘网站做了对接。对接开发完成后，中心负责招聘的员工可以一键发布空缺岗位至所有本地合作的招聘网站，避免了每个招聘网站都单独发布一遍。应聘的候选人的简历可以直接从应聘渠道回传至人事系统里对应的空缺岗位，避免了招聘专员单独去每个招聘网站下载简历并上传至人事系统里对应的空缺岗位。招聘专员还可以在平台上直接一键搜索合适的候选人，避免去每个招聘网站搜索一遍。这样可以减少招聘工作中很多重复的劳动，让招聘专员更加聚焦在怎样找到合适的候选人上。

2. 优化员工自助系统

自助服务系统自推出以来，虽然人力资源共享服务中心的系统维护团队一直

在寻求持续优化和更新的方案，但从系统运行现状的效果来看，随着员工对自助系统的期待和需求越来越高，自助系统的功能现状已不能完成自助的使命，无法为员工带来更有效的服务质量。因此，优化和升级自助服务系统已迫在眉睫。

优化员工自助系统，可以为员工提供直接便利，从而减少共享服务中心和本地人力资源业务伙伴的工作量。例如，信息查询方式，通过优化员工自助系统，员工可以通过电脑端、手机端等便捷手段，自助查询社保、公积金、个人代扣代缴所得税、公司福利、补贴津贴等各类信息。

3. 提升一线员工覆盖面

（1）切换人事系统，覆盖全员。共享服务中心成立后，成立专门项目组，多方调研、商讨和筛选，让共享服务中心可以通过一个系统来开展日常工作。任何员工的信息都可以在这个系统里查询和维护，这样就提升了报表的准确性和便捷性，提高了共享服务中心的工作效率。

（2）提升一线员工对人事系统的使用覆盖面。具体方法包括：①增加自助系统培训课程，面对面地给员工讲解自助系统的各项功能及员工如何使用，现场答疑解惑。②将之前发放给员工的操作指南做成小视频，在企业微信公众号里推送给每一位员工。③对于复杂问题共享服务中心提供远程支持。

（二）共享服务中心的工作流程优化

人力资源共享服务中心作为企业的一个共享服务部门，主要职责是为企业内部的其他业务单元提供专业化、标准化、规模化的人力资源服务。为了提高所有员工的满意度，减少业务流程中的阻碍，共享服务中心应建立统一的标准化和自动化的工作流程，这有利于提升日常工作效率和应对风险的能力。设定好的标准和自动化的流程可以让员工清晰地进行工作，减少人为因素的影响，同时还能减轻员工的工作负荷及减少由工作流程不清晰带来的矛盾。

1. 统一工作流程

不同企业成立的背景各不相同，有合资背景、有独资背景、有并购的公司，这直接导致人力资源的工作流程存在很大的差异性。人力资源共享服务中心为了更好地服务于每一位员工，根据企业人力资源的指导方针将各企业的工作流程进行了“标准化”整合，使工作流程得以统一。

2. 深度开发线上工作流程

数字化和人工智能的运用、对于自动化的运用将成为人力资源共享服务中心未来的发展新趋势。例如，在人事系统中，共享服务中心根据前面梳理过的统一的入职和离职流程及标准化的文件，与系统开发项目组紧密合作，对人事系统中的入职和离职流程进行深度开发，将线下的入职、调岗、转岗和离职流程及文件签署全部搬至线上，以实现绿色办公、提升新员工入职体验。

3. 梳理现有工作流程并及时更新

对于出现的工作流程职责不清、存在模糊地带等问题，共享服务中心运用了企业推荐的流程职责梳理工具，这样有助于确定角色和流程梳理，并将跨职能部门的职责分配给项目或活动各方，以确保达到交付成果。

4. 建立预警提醒机制，保障工作流程通畅

共享服务中心根据服务级别协议的内容对中心工作建立预警提醒机制，每项工作在工作流程中设有明确的时间提醒。如果中心员工在既定的时间内没有完成，系统会升级提醒该员工的上级主管，让上级主管介入协助完成这项工作，以确保每项工作流程在既定的时间进度内按时完成。

（三）共享服务中心的人才培训计划

1. 建立胜任力模型

构建共享服务中心人员胜任力模型的目的是找出现有工作要求和员工胜任力之间的差异。首先，通过对工作职责的分析，将员工的个人能力与员工岗位必备的能力进行比较，以确定员工的胜任能力。其次，分析员工工作能力较弱部分的原因，把员工工作能力的提高作为目标，给员工量身定制改善方案。

（1）构建胜任力模型。在开始搭建胜任力模型前，先了解胜任力的组成部分。胜任力模型是由知识、技能、品质这三者结合而来，因此，“核心能力库、基本能力库与专业能力库”这三个方向是能力素质模型的重点。综合来看，员工绩效和员工管理能力的强弱关联最大，和个性特征的关联最小。

（2）素质测评，同时给出反馈。企业每年年末对员工进行一次年度绩效考核，考核时会针对共享服务中心的每位员工进行一次 360 度测评。分别从员工自己、直线经理、下属或平行部门的同事对该员工进行打分，然后根据 360 度测评结果代入 24 个不同维度，在设定的模型中计算测评结果。能力素质总分计算出来后，要和员工做一次反馈沟通总分情况，听取员工的想法并探讨下一步方案。为了帮助员工提升岗位胜任力，让员工尽快弥补能力不足，并在岗位上有所晋升，需要针对员工能力测评较弱的地方量身定制培训学习方案。

（3）员工能力提升计划。根据前面的构建胜任力模型，完成员工能力素质测评和反馈，将三方面的打分情况做出比对，并将一个相对客观和公正的考评结果给到员工，不再将经理一个人的考评作为唯一依据。这种考评机制的执行，可以在员工晋升时做到有据可依。

将正确的人放在正确的岗位上，充分发挥员工的能动性才可以在实际工作中得以实现。针对考评结果中显示为高潜质的员工，为了有效提升员工的工作能力和拓宽员工在企业的职业发展，让这类员工在企业有更多的成长机会，企业应制定能力提升发展方案，并跟踪方案执行情况。

2. 拓宽员工职业发展通道

企业一直非常重视人才的内部培训和提升，每年都会有一定的预算用在培训项目上，向员工提供一些免费的学习机会，拓宽职业道路和职业生涯的发展。多元化的职业发展通道有如下几种形式：根据企业内部的职位空缺情况申请跨职能部门调动；申请本部门内部轮岗，即尝试共享服务中心内部的不同岗位；申请在人力资源部门内部职位轮换，例如申请调到人力资源专家模块或人力资源业务伙伴模块的空缺岗位，甚至申请调到非人力资源业务部门。所有职业通道都为员工开放，只要员工本人有这方面的意愿，且胜任力能够达到。

同时，共享服务中心也应积极努力制订员工职业发展的计划，推动建立共享服务中心人才梯队和满足中心员工多样的职业发展需求。每一年企业都有“领导力培训生项目”，推动人才在企业的多样性发展。共享服务中心借助领导力培训生项目的培训资源，从而推动和完善人才队伍的建设，为共享服务中心的人才库打下基础。该项目周期内，项目中的员工可以向自己感兴趣的职能部门申请轮岗学习，每次轮岗学习的周期为六个月，并且有三次这样的轮岗学习机会。通过该项目的学习，可以使员工提升自己的管理和沟通能力及专业知识。

3. 完善员工保留和薪酬计划

通过胜任力模型，发现员工业务能力的不足，并根据中心每位员工的实际情况制订改进计划。同时，职业发展通道的多元化也让共享服务中心的员工看到了更多的希望。这些为员工保留计划打下了一定的基础。为了完善员工保留计划，还需要将职业生涯发展、管理沟通以及薪酬和福利激励结合起来。

（1）职业发展谈话。在人力资源共享服务中心的运行管理中，该管理工具主要针对高潜力员工、在职一段时间并具有熟练工作技能的员工。职业发展对话的发起人可以是员工本人、人力资源或公司管理层。对话的参与者通常包括该员工、该员工的直线经理、该员工直线经理的经理、人力资源代表。参与各方讨论并分析员工的优势和需要改进的项目，然后讨论未来3~5年的中长期发展计划，制订可行的行动计划。本计划实施后，上述四位访谈者每两年将根据实际情况做出评估，根据评估结果，确定是否需要调整之前制订的行动计划。

（2）管理沟通。通过匿名方式，员工对直线经理评分，评分包括领导管理能力的各个维度，同时可以写下一些开放性的问题，例如员工平时不敢或不便直接问的问题。同时，直线经理完成自我评估，并根据员工评估和自我评估之间的差距，总结自己的不足。管理沟通可以为员工提供机会，让他们在上级和下级之间进行畅通无阻、无压力的沟通。在某种程度上，它为普通员工提供了公平的沟通机会，杜绝普通员工诉说无门的情况发生。

（3）薪酬福利激励。企业应该为员工提供有市场竞争力的薪酬福利方案。员工薪酬和福利激励不是单一的现金激励，而是以现金激励为主，辅以体现人文关怀的福利和精神奖励。其中，现金激励包括年薪调整、绩效奖金、核心人才保留奖金和基于员工贡献的业务奖金。精神激励主要包括年度优秀员工奖、杰出贡献奖、忠诚服务奖、总经理表彰信等。

三、人力资源共享服务中心运行机制的保障措施

（一）组织保障

人力资源共享服务中心运行机制的组织保障，是指为了确保共享服务中心的有效运作和提供高质量的服务，采取的一系列措施和机制。这些机制旨在保障组织的资源、流程和人员能够有效地支持共享服务中心的运营。

组织变更需要得到最高管理层的批准，只有得到支持，优化项目的启动资金才能获得批准和通过。当然，人力资源共享服务中心也应该做好充分准备，以便企业的高管能够了解企业员工的现状和优化后的结果。

（二）技术保障

完善的系统平台管理是人力资源共享服务中心日常运行的基础。因此，优化计划还涉及各种人事管理系统平台的升级和更新。优化方案能成功完成的关键离不开技术支持。一方面，企业的技术团队，不断优化现有系统平台的功能，跟上行业发展趋势；另一方面，组织牵头与第三方技术服务商合作，为人力资源共享服务中心设计更实用的管理系统平台，并解决各种系统平台之间的数据连接问题，同时，数字平台和自动化平台的建立也需要企业信息技术的持续支持和保障。

（三）沟通保障

组织架构、工作模式、人事服务、系统平台使用的变化，都影响着员工的使用和对共享服务中心的满意支持度。在实施优化的过程中，与员工保持及时有效的沟通至关重要。如果员工既不了解新流程、新系统平台，也不提前沟通即将推出的任何新事物，人力资源共享服务中心的优化结果最终将无法达到预期的效果。同时，共享服务中心推出的能力和职业发展计划也需要员工的积极参与。因此，任何变更都应在第一时间提前通知员工。

在优化方案实施过程中，人力资源共享服务中心还应根据每个优化项目对员工进行问卷调查，并在运行过程中寻找持续改进的空间。沟通有多种渠道，如共享服务中心热线、总经理接待日访谈、公共邮箱发送的沟通电子邮件、团队建设中的沟通等主题活动。

（四）文化保障

企业的核心价值观是“诚实守信、责任担当、团队协作、持续创新”。以企

业的核心价值观作为指导思想，必须进行持续的文化宣传和正确的文化引导，以获得全体员工从思想上和行动上的理解和支持。

人力资源共享服务中心的宗旨与企业的价值观是完全一致的。要将诚实有信、责任担当、团队协作、持续创新这四大原则融入日常工作和服务中，言必信，行必果，合作共赢，不断超越自我，把人力资源共享服务中心的工作提升至一个新高度，让公司满意，让员工满意。

第五节　企业人力资源协同发展

一、战略协同发展

战略协同是指企业人力资源部门与战略管理部门之间的协作。人力资源部门需要参与战略制订过程，理解企业的长期目标和发展方向，从人力资源角度提供支持和建议，确保人力资源战略与企业战略相一致。

（一）战略管理与人力资源高质量协同发展的理论机理

在战略管理的框架下，人力资源管理需要与组织的战略目标相一致，并为其提供支持。战略管理和人力资源管理之间的协同发展是实现组织成功的关键。

1. 战略管理提供了人力资源管理的指导框架

通过明确组织的战略目标和方向，战略管理为人力资源管理提供了明确的指导。人力资源管理需要根据组织的战略需求来招聘和培养员工，以满足组织战略目标的要求。

2. 人力资源管理对于战略管理的实施至关重要

一个有效的人力资源管理系统可以帮助组织招募、留住和培养高素质的人才。这些人才能够为组织提供竞争优势，并支持组织实现其战略目标。人力资源管理还可以通过激励和奖励机制，激发员工的积极性和创造力，促进组织的创新和发展。

3. 战略管理和人力资源管理之间的协同发展还可以带来组织的绩效提升

当战略管理和人力资源管理相互配合时，组织就可以更好地利用其人力资源，并提高员工的工作效能和满意度。这将促使组织实现更高的绩效水平，增强其在市场中的竞争力。

总之，战略管理和人力资源管理的高质量协同发展，通过明确战略目标、建立有效的人力资源管理系统，并促进两者之间的相互配合，组织可以实现长期的竞争优势和卓越绩效。因此，未来的研究应该进一步探索战略管理与人力资源管理之间的关系，为组织的战略和人力资源决策提供更深入的理论和实践指导。

（二）战略管理与人力资源高质量协同发展的路径选择

高质量的战略管理和人力资源协同发展一直是组织成功和可持续发展的重要因素。在当今竞争激烈的商业环境中，组织需要制定有效的战略管理方案，并与其人力资源实施策略相协调，以实现卓越绩效和持续竞争优势。

1. 为了实现战略管理与人力资源的协同发展，组织需要建立一个明确的战略规划框架

这包括确定组织的使命、愿景和核心价值观，以及明确的短期和长期目标。通过制订战略规划，组织能够确定战略方向，并为人力资源部门提供明确的目标和方向，从而实现协同发展。

2. 组织需要确保战略管理和人力资源之间的紧密联系

这可以通过建立战略管理和人力资源部门之间的沟通渠道和合作机制来实现。例如，可以定期组织战略管理部门和人力资源部门进行沟通，以促进信息共享和协调行动。此外，人力资源部门应参与制订战略计划的过程，以确保其与人力资源战略的一致性，并及时提供人力资源支持和解决方案。

3. 组织应该重视人力资源的发展和管理

这包括吸引、培养和留住优秀的人才。组织可以通过建立有效的招聘和选拔机制来吸引高素质的员工，通过提供培训和发展机会来提升员工的能力以及通过实施有竞争力的薪酬和激励制度来留住人才。此外，组织还应关注员工的工作满意度和福利待遇，以提高员工的工作动力和积极性。

4. 组织还应注重建立有效的绩效管理体系

这包括制定明确的目标和绩效指标，并通过定期评估和反馈来跟踪和改进员工的绩效。通过有效的绩效管理，组织可以识别和奖励表现优秀的员工，并为员工提供成长和发展的机会，从而实现战略管理与人力资源的协同发展。

5. 组织还应注重建立学习型组织的文化

学习型组织鼓励员工不断学习和创新，并通过知识共享和团队合作来实现组织的学习和创新能力。组织可以通过建立培训和发展计划、知识管理系统和跨部门合作机制来促进学习型组织的建设。这将有助于提高组织的战略管理能力，并将其与人力资源的协同发展紧密结合起来。

总之，战略管理与人力资源的高质量协同发展需要建立明确的战略规划框架，确保战略管理与人力资源之间的紧密联系，重视人力资源的发展和管理，建立有效的绩效管理体系，以及注重建立学习型组织的文化。通过选择这些路径，组织可以实现战略管理与人力资源的高质量协同发展，并取得持续的竞争优势。

二、招聘选拔协同发展

招聘选拔协同是指人力资源部门与招聘部门之间的紧密合作。人力资源部门

需要与招聘部门密切合作，以确保招聘选拔的流程和标准符合企业的要求。

（一）招聘选拔管理与人力资源高质量协同发展的理论机理

1. 招聘选拔管理的有效实施有助于构建组织与员工之间的良好匹配关系

通过精心设计和执行招聘选拔过程，组织可以吸引和选拔到符合岗位要求的人才，从而实现组织需求与员工能力之间的良好匹配。这种良好的匹配关系能够促进员工的工作满意度和组织承诺，进而提高员工的工作绩效和组织绩效。

2. 招聘选拔管理可以有效提高组织的人力资源质量

通过严格的选拔程序和标准，招聘选拔管理可以筛选出具有较高素质和能力的员工，为组织提供高质量的人力资源。高质量的人力资源具备良好的专业知识和技能，能够更好地适应组织的变化和发展需求，为组织创造竞争优势。

3. 招聘选拔管理与人力资源高质量协同发展之间存在着相互促进的关系

招聘选拔管理的有效实施为人力资源的高质量发展提供了基础，而高质量的人力资源则为招聘选拔管理的成功实施提供了保障。这种相互促进的关系使得组织能够实现人力资源的持续优化，为组织的长期发展奠定坚实的基础。

4. 招聘选拔管理还可以促进组织的创新能力和竞争力

通过有效的招聘选拔管理，组织可以吸引到具有创新思维和能力的人才，激发组织内部的创新活力。这些具有创新能力的员工可以为组织带来新的思路，推动组织在市场竞争中取得优势地位。

总之，招聘选拔管理与人力资源高质量协同发展的理论机理，主要包括良好的匹配关系构建、人力资源质量提升、相互促进关系和创新能力提升。通过深入理解和应用这些机理，组织可以有效地实现招聘选拔管理与人力资源的协同发展，从而提升组织的绩效和竞争力。

（二）招聘选拔管理与人力资源高质量协同发展的路径选择

以下是一些招聘选拔管理与人力资源的高质量协同发展路径选择的建议。

1. 策略与规划

确保招聘选拔管理与人力资源的协同发展，需要在整体战略和规划的基础上进行。明确组织的人力资源需求，并将其与招聘选拔策略相结合，以确保员工的技能、经验和背景与组织的目标和价值观相匹配。

2. 流程优化

优化招聘选拔流程，确保招聘的高效和高质量。使用先进的招聘工具和技术，如在线招聘平台、应聘者筛选工具和面试评估工具，以提高招聘效率和准确性。

3. 合适的选拔工具

采用多种选拔工具和方法，以全面评估候选人的能力和适应性。这包括面试、测验、案例分析、参观日等，以确保选拔过程公正、准确和客观。

4. 培训发展

建立完善的培训发展计划，以提高员工的技能和能力。为新员工提供入职培训，并为现有员工提供持续的专业培训和职业发展机会，这将有助于提高员工绩效和减少人员流失率。

5. 数据驱动决策

利用数据和分析来指导招聘选拔管理和人力资源决策。收集和分析有关候选人来源、选拔工具效果和员工绩效的数据，以识别成功的招聘渠道和选拔策略，并为未来的招聘选拔决策提供依据。

6. 沟通与协作

建立良好的沟通渠道和协作机制，促进招聘选拔管理与人力资源之间的合作，以确保招聘和人力资源团队之间的信息共享和协同工作，以便更好地满足组织的人力资源需求。

7. 持续改进

进行定期的评估和反馈，以持续改进招聘选拔管理和人力资源实践。定期评估招聘选拔过程的效果，并根据反馈和数据做出相应的调整和改进。

总之，招聘选拔管理与人力资源的协同发展需要全面考虑组织的战略目标、员工需求和市场趋势。同时，灵活、持续地学习也是关键，以适应不断变化的环境和需求。

三、培训协同发展

培训协同发展是指人力资源部门与培训部门之间的协同工作。人力资源部门需要与培训部门密切配合，并根据企业的培训需求和员工的发展需求，制订培训计划和发展路径，以确保培训发展活动能够提升员工的能力和素质，与企业发展相契合。

（一）培训管理与人力资源高质量协同发展的理论机理

在现代组织中，培训管理以及人力资源管理是关键要素，它能够促进组织的高质量协同发展。这些领域的理论机理涉及组织中人力资源的获取、培养、发展和管理等方面，旨在提高员工的绩效和组织的竞争力。

1. 培训发展管理对于人力资源的高质量协同发展起着重要的作用

培训和发展是组织不断提高员工技能和知识水平的关键手段。通过培训，员工可以获取新的知识和技能，提高工作效率和绩效水平。在组织中，培训和发展可以帮助员工适应变化的工作环境和技术要求，提高工作适应能力和创新能力。

同时，培训和发展也能够激发员工的积极性和工作动力，增强员工对组织的归属感和忠诚度。

2. 人力资源管理的有效实施也是高质量协同发展的关键因素

人力资源管理包括人才招聘、员工绩效管理、薪酬福利等方面。在人才招聘方面，组织需要根据自身的战略目标和人力资源需求，制订合适的招聘计划，吸引和选拔符合组织要求的人才。员工绩效管理则通过设定明确的目标和绩效评估体系，激励员工持续提高绩效水平。此外，适当的薪酬福利政策也能够提高员工的满意度和积极性，增强员工对组织的认同感和凝聚力。

3. 培训发展管理与人力资源高质量协同发展的理论机理还涉及组织文化和领导力的影响

组织文化是组织的核心价值观和行为准则，能够塑造员工的行为方式和工作态度。通过培训和发展，组织可以传递和强化组织的核心价值观和文化，促使员工与组织价值观的契合。领导力在培训发展管理中也起着至关重要的作用。有效的领导力可以激发员工的潜力，推动组织的创新和变革。领导者应具备良好的沟通和激励能力，以激发员工的学习兴趣和动力，营造积极的学习氛围。

4. 培训管理与人力资源高质量协同发展的理论机理还需要建立有效的评估和反馈机制

组织应该建立有效的培训评估和反馈机制，及时了解培训效果和员工的需求，不断优化培训计划和方法。同时，通过定期的员工绩效评估和反馈，可以发现员工的潜在问题和发展需求，为员工提供进一步的支持。

总之，培训管理与人力资源高质量协同发展的理论机理包括培训和发展的作用、人力资源管理的实施、组织文化和领导力的影响，以及有效的评估和反馈机制。这些机理相互作用，共同推动组织和员工的持续成长和发展，实现高质量协同发展的目标。组织应该充分重视培训管理和人力资源管理的重要性，不断优化管理机制和方法，提升组织的绩效和竞争力。

（二）培训管理与人力资源高质量协同发展的路径选择

1. 确定战略目标

企业应明确自己的战略目标和发展方向，将培训管理与人力资源的策略与之相衔接。只有这样，培训发展计划才能真正服务于组织的长远发展。

2. 制订综合培训计划

企业应制定全面的培训计划，包括新员工培训计划、职业发展计划、技能培训计划等。这些计划应该根据不同员工的需求和岗位特点进行个性化设计，确保培训的针对性和有效性。

3. 建立培训评估机制

企业应建立培训评估机制，对培训效果进行评估和反馈。通过评估结果，及时调整培训计划，确保培训管理的持续改进和优化。

4. 强化绩效管理

企业应建立科学的绩效管理体系，将培训和发展与绩效考核相结合。通过设立明确的目标和指标，激励员工积极参与培训和发展活动，并将其成果与绩效考核结果相挂钩。

5. 建立学习型组织文化

企业应倡导学习型组织文化，鼓励员工不断学习和创新。通过分享知识、提供学习资源和激励机制，营造一个积极学习的环境，促进员工的个人成长和组织的创新能力。

总之，培训发展管理与人力资源的高质量协同发展是企业实现持续竞争优势和可持续发展的重要路径选择。通过制定明确的战略目标、制订全面的培训计划、建立科学的绩效管理体系和倡导学习型组织文化，企业可以实现培训管理与人力资源的良好协同，从而提升员工的综合素质和组织的竞争力，实现共同的发展目标。

四、绩效管理协同发展

绩效管理协同是指人力资源部门与绩效管理部门之间的协作。人力资源部门需要与绩效管理部门共同制订绩效评估指标和标准，以确保绩效评估的公平性和准确性，并根据绩效评估结果制定相应的激励和奖惩措施，以推动员工的持续发展和提高整体绩效。

（一）绩效管理与人力资源高质量协同发展的理论机理

人力资源的高质量协同发展需要绩效管理的支持和引导。首先，绩效管理可以帮助组织明确目标和期望，为员工提供明确的工作任务和角色职责，从而提高工作的清晰度和明确度。同时，绩效管理还可以建立明确的绩效评价体系，通过定期的绩效评估和反馈，帮助员工了解自己的工作表现，并及时进行调整和改进。这样一来，员工的工作动力和责任感就会得到激发，从而提高他们的工作绩效。

1. 绩效管理可以促进员工的个人发展和学习

通过与员工进行绩效评估和个人发展规划，可以帮助他们认识自己的优势和不足，并为他们提供相应的培训和发展机会。这不仅有助于员工个人的成长，还可以提高他们在工作中的表现和能力，进而对组织的整体绩效产生积极的影响。

2. 人力资源的高质量协同发展也可以促进绩效管理的有效实施

人力资源管理可以通过制订合理的激励机制，激发员工的工作积极性和创造力，从而提高他们的绩效水平。例如，通过设立奖励机制，可以激励员工在工作中表现出色。人力资源管理还可以通过合理的人员配置和团队建设，以提高团队的协同效能，从而增强绩效管理的效果。良好的团队合作氛围和有效的沟通机制，可以促进员工之间的合作和信息交流，有利于解决问题和提升绩效。

（二）绩效管理与人力资源高质量协同发展的路径选择

绩效管理与人力资源的高质量协同发展是组织成功的关键要素之一。为了实现这一目标，组织可以选择以下路径。

1. 设定明确的目标和期望

组织应该明确制订战略目标，并将其转化为具体的部门和个人目标。这些目标应该是可衡量的，以便进行有效的绩效评估和监测。同时，组织还应该与员工进行充分的沟通和协商，以确保他们理解和接受这些目标，并为其实现提供支持。

2. 建立科学的绩效评价体系

组织应该建立科学、公正、可靠的绩效评价体系，以客观地评估员工的绩效水平。这包括制订明确的评价标准和指标，并为评估者提供培训和指导，以确保评价的准确性和公正性。同时，评价结果应该及时反馈给员工，并为他们提供改进和发展的机会。

3. 提供全面的培训和发展机会

组织应该为员工提供广泛的培训和发展机会，以提高他们的工作技能和知识水平。这包括内部培训、外部培训和跨部门交流等方式。同时，组织还应该制定个人发展规划，与员工共同探讨他们的职业目标和发展方向，并提供相应的支持和指导。

4. 建立有效的激励机制

组织应该设计并实施合理的激励机制，以激发员工的工作积极性和创造力。这可以包括薪酬激励、非金钱激励和职业发展机会等方面。同时，激励机制应该与绩效评价挂钩，以确保激励的公平性和可持续性。

5. 加强团队合作与沟通

组织应该鼓励和促进员工之间的团队合作与信息交流，这可以通过定期组织团队活动、建立有效的沟通渠道和分享最佳实践等方式实现。良好的团队合作和沟通氛围可以增强员工之间的协同效能，提高整体绩效水平。

总之，绩效管理与人力资源高质量协同发展的路径选择包括设定明确的目标和期望、建立科学的绩效评价体系、提供全面的培训和发展机会、建立有效的激励机制、加强团队合作与沟通。通过这些路径的选择和实施，组织可以实现绩效管理与人力资源的协同发展，从而提高整体绩效水平，取得持续的竞争优势。

五、员工关系协同发展

员工关系协同是指人力资源部门与员工关系部门之间的合作与沟通。人力资源部门需要与员工关系部门共同维护良好的员工关系，解决员工的问题和困扰，提供员工支持和咨询，以建立和谐的劳动关系，促进员工的积极性和忠诚度。

（一）员工关系管理与人力资源高质量协同发展的理论机理

1. 员工关系管理和人力资源的协同发展可以提升员工的工作满意度和组织认同感

员工关系管理强调建立积极的员工关系，通过沟通、参与和公正的决策过程来促进员工的参与感和归属感。人力资源管理应注重员工的发展和激励，通过提供培训、晋升机会和绩效奖励等方式来满足员工的个人成长需求。当这两个方面都得到有效整合时，员工就会感到被认可和重视，从而更加投入工作，并为组织取得更好的绩效。

2. 员工关系管理和人力资源的协同发展可以改善组织的沟通效果和决策质量

良好的员工关系管理可以打破组织内部的沟通障碍，促进信息的流动和共享。而人力资源管理的目标是建立有效的沟通渠道和反馈机制，使员工和管理层之间的信息传递更加顺畅。当员工关系管理和人力资源管理在沟通方面相互支持时，组织就可以更好地获取员工的意见和建议，从而改善决策的质量。

3. 员工关系管理和人力资源的协同发展可以增强组织的创新能力和适应性

员工关系管理注重建立开放、包容的工作环境，鼓励员工提出新的想法和创新。而人力资源管理则提供培训和发展机会，帮助员工提升技能和适应组织变革。当这两个方面相互融合时，组织就能够吸引和留住具有创造力和适应性的人才，从而促进组织的创新能力和竞争力。

4. 员工关系管理和人力资源的协同发展可以提升组织的绩效和竞争优势

通过建立良好的员工关系，组织能够提高员工的工作满意度和忠诚度，降低员工的离职率。而人力资源管理的目标就是优化员工的配置和激励，确保组织能够拥有高素质的员工队伍。当员工关系管理和人力资源管理相互支持时，组织就能够实现员工的最佳发挥，提升绩效和竞争优势。

总之，员工关系管理和人力资源的协同发展可以通过提升员工的工作满意度和组织认同感、改善组织的沟通效果和决策质量、增强组织的创新能力和适应性，以及提升组织的绩效和竞争优势。这些理论机理为我们理解员工关系管理与人力资源高质量协同发展的重要性提供了有力的支撑。

（二）员工关系管理与人力资源高质量协同发展的路径选择

员工关系管理与人力资源的高质量协同发展需要明确的路径选择和有效的实

施策略。在实践中，可以采取以下几个方面的路径选择来实现员工关系管理与人力资源的协同发展。

1. 建立共同的目标和价值观是实现协同发展的基础

组织应明确员工关系管理和人力资源管理的共同目标，例如提升员工的工作满意度、增强组织的竞争力等。同时，组织应明确共同的价值观，如公平、公正和透明等，以确保员工关系管理和人力资源管理在实践中能够相互支持和促进。

2. 建立有效的沟通和反馈机制是实现协同发展的重要手段

组织应建立开放、透明的沟通渠道，使员工能够自由表达意见和建议。同时，组织应建立及时的反馈机制，将员工的反馈纳入人力资源管理的决策过程中。通过这样的机制，员工关系管理和人力资源管理可以实现信息的共享和互动，从而实现协同发展。

3. 整合员工关系管理和人力资源管理的实践是实现协同发展的重要途径

组织应将员工关系管理和人力资源管理纳入绩效管理体系，确保两者相互协调和相互促进。例如，在绩效评估中，除了考虑员工的工作业绩，还应考虑员工的关系建设和团队合作等方面的贡献。通过整合实践，可以实现员工关系管理和人力资源管理的有机结合，以提升组织的绩效和竞争力。

4. 培养和发展组织内部的专业人才是实现协同发展的重要保障

组织应注重员工关系管理和人力资源管理的人才培养，为员工提供相关的培训和发展机会。同时，组织也应建立相应的激励机制，以吸引和留住具有员工关系管理和人力资源管理专业知识的人才。通过培养专业人才，可以提升员工关系管理和人力资源管理的能力，进而实现协同发展的目标。建立共同的目标和价值观、建立有效的沟通和反馈机制、整合实践，以及培养和发展专业人才是实现员工关系管理与人力资源高质量协同发展的路径选择。组织可以根据自身情况和需求，灵活地选择和实施这些路径，以实现协同发展的目标。

总之，人力资源高质量协同发展需要在实体经济、战略、招聘选拔、培训发展、绩效管理和员工关系等方面实现协同，以提升组织的整体绩效和员工的满意度。

参考文献

[1]曹斌斌.企业人力资源开发实践之路[J].人力资源,2021(6):66-67.

[2]陈嗣成.企业人力资源管理统计学[M].北京:中国劳动社会保障出版社,2005.

[3]成志花,刘玉琴,王颖.人力资源建设和统计管理[M].长春:吉林科学技术出版社,2022.

[4]付伟.企业人力资源管理创新研究[M].北京:中国原子能出版社,2023.

[5]耿清锋.现代企业人力资源开发与创新研究[J].企业改革与管理,2018(23):69,71.

[6]韩平.创业企业人力资源管理[M].西安:西安交通大学出版社,2023.

[7]郝敏杰,朱泓,郭明.从马克思人的全面发展看企业人力资源开发[J].现代交际,2019(19):246,245.

[8]何筠,杨戈宁,吴晓红.人力资源管理理论与实务[M].北京:科学出版社,2023.

[9]靳豆豆,王军旗,蒋杨鸽.多维视角下人力资源管理模式研究[M].长春:吉林出版集团股份有限公司,2022.

[10]李文武.人力资源培训与开发[M].北京:中国劳动社会保障出版社,2023.

[11]刘婷婷,夏文刚.基于人力资源开发的绩效与薪酬管理策略探析[J].商场现代化,2024(14):114-116.

[12]罗哲,段海英.人力资源开发与管理[M].成都:四川大学出版社,2022.

[13]宋艳芳.企业人力资源开发实践之路[J].财讯,2021(9):67-68.

[14]苏翎清.现代企业人力资源开发途径探析[J].中小企业管理与科技(中旬刊),2019(3):1-2.

[15]孙风强.企业人力资源开发与可持续发展[J].人力资源,2020(24):36-37.

[16]王宾.中小企业人力资源开发及管理研究[J].商场现代化,2022(3):83-85.

[17]王会娟,刘云峰,葛杨.企业人力资源开发与管理研究[M].长春:吉林出版集团股份有限公司,2023.

[18]王君萍.现代企业人力资源管理实操教程[M].上海:同济大学出版社,

2022.
[19]王亮.企业人力资源开发与激励机制探析[J].财讯,2020(5):66.
[20]温云云.论培训在企业人力资源开发中作用[J].现代经济信息,2018(19):64,66.
[21]吴煜.企业人力资源开发与管理的策略分析[J].人才资源开发,2017(14):174-175.
[22]杨伟国,宋洪峰,李欣.人力资源服务业概论[M].北京:中国人民大学出版社,2023.
[23]杨正宇,古家军.人力资源管理实践教程[M].上海:上海交通大学出版社,2023.
[24]叶晟婷,孔冬.企业人力资源管理实务操作教程[M].杭州:浙江大学出版社,2024.
[25]余璇,董甜甜,张明涛,杜红平.可持续性人力资源开发与管理:积极心理学的力量[M].成都:西南财经大学出版社,2022.
[26]张曦予.学习型组织视角下企业人力资源开发的建议[J].品牌研究,2024(2):215-217.
[27]周岚.知识经济时代企业人力资源开发与企业管理[J].全国流通经济,2022(18):107-109.
[28]周小刚.人力资源服务企业竞争力演化和产业结构升级研究[M].北京:经济科学出版社,2023.